Les Editions du **Léopard Masqué**

LA GRIFFE DE LA LITTÉRATURE HUMORISTIQUE

Collection dirigée par Erick Mogis

Rewritting : Marie Girard

ISBN : 2 - 35049 - 019 - X

Les Editions du Léopard Masqué sont une division de la SAS Arconsil

– Collection –
les polars du Léopard

MOZART EST LÀ !

Le secret des francs-maçons

Gordon ZOLA

Les éditions du Léopard Masqué

G o r d o n Z o l a

Ce franco-normand, qui maîtrise mieux la langue de Molière que celle du bocage, est un ethnologue distingué... de qui ? Il l'ignore encore, mais ses travaux à travers les populations du monde lui font écrire qu'il existe deux sortes d'individus : l'hommo *serius* et l'hommo *deconnus*... Il appartient incontestablement à la seconde ethnie. Il est néanmoins âgé de quarante ans et vit à paris avec ses deux chats et son piranha domestique. Amateur de sévices textuels, il a déjà publié quatre livres policiers au Léopard Masqué dans la collection des Guillaume Suitaume, *Les suppôts de Sitoire, La fausse celtique, Nom de code : LE DADA DE VINCI, Où est le bec ?* et un roman historique, *Fais gaffe à ta Gaule !*
Auteur aussi prolixe que prolifique, il nous réserve pour 2007 *C'est bête, j'ai vos dents !, Ibis dans un violon,* toujours dans le cadre des aventures du commissaire Suitaume.
Il est accessoirement, scénariste, éditeur, compositeur, réalisateur... C'est donc un homme plus occupé que les toilettes d'un TGV.

Tristan Badoual

Graphiste, illustrateur, concepteur, animateur 2D, créatif... À 28 ans, **Tristan Badoual** a travaillé en tant que graphiste et illustrateur dans plusieurs agences de communication et de design, puis a créé sa propre marque de skateboards *Rare* (www.rareskateboard.com) où il occupe le poste de directeur artistique, et matérialise les textes et pensées des auteurs sur les couvertures du *Léopard Masqué* dans un style illustratif bien à lui.
Pour tout renseignement, écrire à trisk8@aol.com

Après lecture de ce livre dont l'éloge
n'est plus à faire,
Nous consatatons que seules les loges
sont à refaire.

Sommaire

Avertissement p.16

Ouverture p.18

1. Requiem bien châtie bien p.24

2. Surprise de la Bastille p.29

3. Aspic au jeu p.47

4. Un vol de haute portée p.60

5. N'oubliez pas la cédille ! p.75

6. Vasistas à la française p.83

7. À un poil de l'occulte p.97

8. La vieille pie VIP p.105

9. Le franc-mac fait cheese ! p.117

10. La petite musique me nuit. p.128

11. Colchique est dans les prés ! p.136

12. Ça trombone en coulisses. p.144

13. Flûte, c'est le code ! p.156

14. La tombe en perd la chaise ! p.172

15. Pas de quoi en faire tout
un franc-mac ! p.181

Ut queant laxis
Resonare fibris
Mira gestorum
Famuli tuorum
Solve pulliti
Labii reatum
Sancte Johannes

Soit sensiblement,

« Pour que puissent résonner sur les cordes
détendues de nos lèvres
les merveilles de tes actions,
enlève le péché de ton impur serviteur,
ô Saint Jean. »

Avertissement

Contrairement à un grand nombre d'ouvrages écrits au cours des deux derniers siècles sur la franc-maçonnerie, tout ce qui est proféré dans ce livre est rigoureusement et approximativement authentique ! Tellement authentique que cela en serait même un peu suspect !

Vous y apprendrez que malgré des idées reçues, cette maçonnerie qui inquiète certains et que méprisent d'autres n'est pas d'origine portugaise mais vraisemblablement écossaise. Vous saurez à la lecture de ce livre, que je crois exceptionnel, comment les formidables ramifications de cet ordre secret permirent l'éradication de son concurrent direct, la franc-plomberie…

Si d'aventure (en aventures) quelque secte autoritaire et sans humour voulait me mettre la police occulte… et sur le dos en raison de simples propos exacerbés, sachez que toutes mes archives sont à la disposition des zozos ! Je possède toutes les preuves de ce que j'avance… même si j'avance masqué (pour des raisons que vous comprendrez aisément) !

Vous apprendrez, dans cet ouvrage de hautes qualités politiques et extrapoleuses, musicales et historiques, que des forces mystérieuses et ésotériques *sous-jacent* en permanence, orientent et conditionnent ~~notre~~ votre façon de penser…

Amis lecteurs, vous connaissez *1984* d'Orwell, *Le Meilleur des mondes* d'Huxley, *Le Procès* de Kafka, *La médecine par les plantes* de Rika Zaraï !...

Sachez que ces livres sont de la gnognotte à côté de celui-ci !

Accessoirement, ce livre parle aussi de Mozart, sans doute l'un des dix hommes les plus importants de l'Histoire de l'Humanité !

Chacun de mes lecteurs pourra se reconnaître dans les huit qui restent !

*
* *

P.S. Et ne me faites pas l'affront de me demander qui est le neuvième...

Ouverture

Vienne, 1791

Vienne s'endormait doucement sous sa robe de neige, du bon tapis moelleux sur lequel crissait le pas d'Emmanuel Schikaneder, librettiste et acteur de son état. L'homme était tout excité et ne ressentait presque pas le froid. Les quelques couples de bourgeois frigorifiés qu'il croisait le regardaient avec des yeux d'esquimaux empalés sur un bâtonnet… tous surpris. Faut dire que le monsieur sortait de l'opéra de Vienne où il venait de terminer sa représentation de *La Flûte enchantée*, le dernier opéra de son ami Wolfgang, et qu'il avait encore son habit de lumière, tout plume, déguisé oiseleur ! Il n'avait pas pris le temps de quitter son personnage de Papageno. La nouvelle l'avait trop bouleversé…

Comment son vieil ami pouvait-il penser une chose pareille ? Comment avait-il pu même insinuer une telle ignominie ! Incohérent ! Il en avait encore mal à l'oreille. Il avait essayé de le raisonner, de lui faire comprendre qu'il s'égarait, qu'il tutoyait la paranoïa et tutoierait bientôt les fous s'il continuait ! Mais Mozart n'était pas du genre à démordre, c'était de l'esprit supérieur, du cousu génie, de l'incorruptible inoxydable fermé à toute influence ! Seule sa musique comptait ! Il était hermétique à toute autre forme de contingence.

Bien sûr, il était bizarre depuis quelque temps... Sa santé était fragile et devait jouer sur son moral, sans doute... mais lui, Emmanuel Schikaneder, ami et néanmoins poète, ne pouvait laisser son compagnon, pour ne pas dire son frère, dans la déraison... Il se devait de le préserver contre lui-même, d'atténuer la virulence de ses propos. Cela pourrait devenir dangereux ! Il devait prévenir le Grand-Maître... par amitié.

Le librettiste venait d'arriver dans une petite ruelle isolée du centre ville. Le numéro 26 offrait un large porche ouvert dans lequel s'engouffraient vent et flocons. Il fit de même jusqu'à une petite porte basse et noire. Il saisit le volumineux heurtoir à tête de serpent et le laissa retomber trois fois à intervalles réguliers. Quelques secondes plus tard à peine, il entendit un pas claudiquant. Il sourit, c'était Franz. Le judas grinça et le trognon de pomme pourrie du portier apparut... Un gros nez plein de trous, vérolé extrême, qui refusait aux yeux de ne pas loucher.

– C'est qui ? fit une voix plus grinçante que la porte.

– C'est moi, Franz, Emmanuel Schikaneder, ouvre.

– Quand l'architecte est grand...

– Les pièces sont hautes.

La porte s'ouvrit. C'était le mot de passe. Franz s'écarta pour laisser entrer l'acteur plumé (ce qui n'est pas rare dans le métier). Non seulement le Franz en question était laid, de cette laideur que certains vont jusqu'à qualifier d'intéressante, mais en plus il était bossu, tordu et ne sentait pas le sable chaud des légionnaires romains, ni la rose des guerres fratricides anglo-saxonnes. Seul le désir de ne pas pratiquer l'anachronisme empêcherait l'auteur de dire que le portier avait un côté Quasimodo avec le même air cloche à vous coller le bourdon...

Mais l'auteur s'en fout. Acte.

Sans hésitation, Emmanuel Schikaneder emprunta un long et étroit couloir très sombre aux murs tapissés de centaines de petits tableaux et se rendit dans une grande salle à demi-pleine de monde. Tout y était rouge, les murs en pourpre tapissière, les tables en velours grenat, les fauteuils en marocain incarnat, les visages en couperose virulente... Le léger murmure s'arrêta dès son entrée. Les têtes ridées et perruquées convergèrent vers lui et les regards se firent opaques à la vue du drôle d'oiseau. L'acteur fit alors une chose étrange : il leva le bras gauche, porta sa main droite sur le cœur, tourna sur lui-même trois fois et cracha derrière lui (il ne fit rien avec les oreilles)... L'assemblée sembla se détendre. Les locomotives à asthme reprirent.

– Bonjour, mes frères, excusez-moi de vous déranger dans votre assemblée du jeudi soir (car c'était un jeudi) mais je suis venu demander une audience extraordinaire au Grand-Maître.

Au bout d'une immense table disposée en U, un homme vieux comme un monde qui a déjà connu la disparition des dinosaures leva un bras sérieusement arthrité, montrant une paume ridée.

– Tu sais bien, frère... frère...

– Schikaneder, Grand-Maître.

– Frère Chicane Aideur, reprit le cacochyme oublieux des autres, tu sais que les entrevues privées ne sont pas dans nos règles. Tous les maçons sont logés à la même enseigne...

Notez la valeur du jeu de mots que seul un auteur détaché de toute contingence politique et occulte peut se permettre. Faites bien attention car j'ai l'intention de charger la mule dans ce domaine.

– Je sais bien, Grand-Maître, mais c'est un cas de force majeure.

– Justement, frère Chicaneur, justement... Un problème important sera mieux résolu avec l'avis de tous. Parle, mon garçon.

Emmanuel hésita. Il n'avait pas envisagé la chose sous cet angle. N'était-ce pas une trahison contre son ami de parler devant l'assemblée toute entière ?

– Mais c'est au sujet d'un de nos frères, Grand-Maître !...

– Parle, poussa-t-il, en s'oubliant d'une brise anale.

Le librettiste vint se mettre au centre de la table en U... et se lança.

– Mes frères... il s'agit de notre honorable ami Mozart...

Dans le silence de la salle, il perçut deux ou trois légers *pfuiiit !* Amadeus n'avait pas été reçu dans la loge bienfaisante *Enfonzdenlhbër* avec toute l'unanimité requise. Son côté fantasque et rebelle avait déplu à un certain nombre de frères mais nul n'avait pu lui reprocher son désir de progrès social ni son avant-gardisme salutaire à une société qui se voulait moderne.

– Qu'a t-il encore fait ? ahana un vieux truc avachi dans son fauteuil.

C'était le comte Hébon qui venait de parler.

– Il n'a rien fait... il a dit !

Silence attentif.

– Il a dit que notre loge allait se rendre coupable d'un crime !

Emmanuel Schikaneder sentit comme un flottement dans la salle... Le Grand-Maître se mit à ricaner... pour détendre.

– Un crime ?! Grands dieux, quel crime ?

L'artiste essaya de sourire.

– Je sais, c'est stupide, mais depuis notre commande de *La Flûte enchantée*, Mozart s'est mis de drôles d'idées en tête... Il affirme que nous allons faire assassiner quelqu'un ! Un Français !

Le Grand-Maître avait perdu son sourire. Il le chercha du regard, sans résultat, et choisit de froncer les sourcils en même temps que les sphincters.

– Notre honorable frère Mozart a-t-il dit de qui il pourrait s'agir ? Et dans quel but ferions-nous une chose pareille ?

– Il parle de Mirabeau !

Couic !

L'ambiance de la loge devint funèbre (rien à voir avec l'éloge funèbre).

Plusieurs vieilles barbes se regardèrent en silence avec des yeux qui faisaient du bruit.

– Merci, frère Chic Ailleurs, se décida le Grand-Maître, nous allons convoquer le sieur Wolfgang Amadeus pour faire le jour sur cette affaire... Nous te remercions de ton initiative.

C'était une façon aimable de lui signifier son congé.

L'acteur salua l'assemblée, fit trois pas en arrière en décomposant et sortit de la salle. Personne dans l'assemblée n'osa prendre la parole. Le Grand-Maître prit une petite clochette qu'il fit tinter. Dans le fond de la pièce, un rideau de velours épais se souleva et un homme à la corpulence de gladiateur apparut. Il était râblais comme un écrivain français, avec un cou de taureau et des yeux de veau. Il s'approcha de son sonneur, se planta devant lui et croisa les bras... Parfaite soumission. Le Grand-Maître posa une petite bourse de cuir que l'on sentait pleine de pièces sonnantes et trébuchantes et une petite fiole au liquide bleuté.

– Osiris, j'ai une nouvelle mission d'importance pour toi...

Le musclé resta stoïque comme un écrivain grec, tout à l'écoute.

– J'aimerais que tu commandes une messe de *Requiem* à Mozart...

– Bien, Maître, dit-il en prenant la fiole, la bourse et l'avis.

Le vieux perruqué fit un petit geste de l'index recroquevillé, montrant qu'il désirait qu'Osiris approche son oreille de sa bouche. L'autre le fit sans une moue de dégoût.

– Je veux que tu lui empoisonnes l'existence ! lui postillona-t-il dans le lobe.

Osiris sourit... Ça, il savait faire !

*

* *

1

Requiem bien châtie bien.

De nos jours

L'homme était tout sueur… grosses gouttes perlantes qui lui faisaient un visage en patinoire fondante. Il battait des cils dans un vieux réflexe humain pour chasser la perte des eaux. Ses yeux se faisaient mal la paire, un œil hagard (les Gonesses) et un autre terrorisé. Sporadiquement, il passait son bras de chemise blanche sur son front fontaine pour éponger sa sueur, sa peur, ses dettes… Se sentait glacé de partout.

L'étroit couloir dans lequel il courait à perdre sa pauvre haleine lui renvoyait l'écho de sa course… simple silence martelé du bruit de ses pas, lourds, fastidieux. Par instant, il jetait des petits regards misérables derrière lui, trébuchait, manquait de s'écrouler, reprenait son équilibre, mouchait son nez qu'est libre… Il ressemblait à un pantin désarticulé qui cherche à fuir son tireur de fils, triste marionnette, Pinocchio qui fuit Geppetto ! D'un geste malhabile, il défit son nœud papillon et arracha le col de sa chemise… La ceinture de soie blanche qui ceignait sa taille un peu ventrue y passa aussi, il étouffait ! Il cherchait sa respiration loin, très loin… dans un pays où les contes de fées existent… L'analogie est osée mais parfaitement à sa place car seuls un lutin magique, une sorcière ou Harry Potter auraient pu le sauver de la fin tragique qui l'attendait. Le pauvre bougre devenait tout rouge, tout suffocation, poisson hors de l'eau… Il s'arrêta un instant pour essayer de reprendre ce souffle devenu si rare.

Grrr…Grrrr !

Il n'avait pas rêvé ! C'était un grognement, un truc profond, plutôt agressif, un machin à mettre le couillomètre à zéro… Puis, soudain… l'apparition démoniaque, la vision chiasseuse, la chose à vous vider la vessie dans le pantalon de smoking !

Une girafe carnivore ! Un nouveau genre d'animal, un mutant féroce avec long cou, taches noires et dents pointues… du jamais vu, ni à la télé, ni ailleurs !

Le représentant d'emphysème crut défaillir de nouveau et se jeta dans une nouvelle course éperdue d'avance, il bifurqua dans un nouveau couloir tout moquetté qui ressemblait à s'y méprendre à une impasse. Tout au bout… un ascenseur fermé... Il s'y précipita, sentant déjà l'haleine fétide et brûlante du monstre lui lécher la base de la nuque. Dans sa dernière énergie, celle qui tutoie le désespoir, il martela le bouton pour faire venir le monte-charge plus vite… Rien. L'ordure d'Otis ! Il sentit sa dernière heure arriver (comme on dit pour dramatiser une situation déjà bien noire) et se retourna pour défendre sa peau… aussi chèrement que le permettait la petite monnaie qui lui restait.

La girafe n'était plus là !

Semée, la salope !

Mais non ! au bout de ce tunnel cauchemardesque, une nouvelle apparition : une grenouille aussi grosse qu'un bœuf ! L'homme crut devenir fou (ce qui le rassura car signifiant qu'il ne l'était pas encore tout à fait) ! On avait lâché le cirque des horreurs à ses trousses ! Encore une sale histoire de *freak* ! Mouvements de tête, droite, gauche… des portes… Il en prit une au hasard. Ce dernier fit bien les choses car c'était ouvert. Il referma derrière, fit un tour de clef qu'il accompagna d'un tour de rein et d'un tour de chant… en voyant ce que lui offrait l'obscurité de la nouvelle pièce : des centaines de points lumineux qui clignotaient…

Des yeux !

Tout plein de petits yeux avec de la cruauté à revendre… puis des petits cris sauvages. On sentait qu'il y avait du carnage dans l'air, l'ambiance était à la sauvagerie… Heureusement, dans un sursaut de bonté, Dieu fit tinter le *cling* de l'ascenseur… L'ennemi du genre animal rouvrit la porte sans chercher à savoir qui lui faisait de l'œil et se jeta à plat vendre dans la cabine.

Rez-de-chaussée.

Soulagement…

À tort !

La trappe du plafond commençait à s'ouvrir lentement, comme dans un film d'horreur… Les battements saccadés du cœur de l'homme faisaient office de musique à la Bernard Hermann… Les premières araignées apparurent, rampantes et poilues comme des femmes de ménages portugaises, et se mirent à tapisser l'ascenseur… Le fugitif n'avait plus rien à arracher pour se sentir mieux, pour se donner l'impression de mieux se sentir. Son ballon ventru ou son ventre ballonné débordait sur son pantalon de gala, moche et ridicule... Les portes s'ouvrirent de nouveau et ce fut en hurlant de terreur qu'il se précipita à l'extérieur, poursuivi par des milliers d'araignées, une girafe carnivore, des rats gondins grondants, un tyrannosaure, un tyrageossaure (monstre avec des yeux en billes de loto), un chien géant sur trois pattes, un incendie de forêt, une poupée gonflable à l'effigie de Chimène Badie, un sanglier sans poils du Venezuela, Claire Chazal, une paire de chats siamois, un oiseau mi-gratteur, mi-piqueur, André Rieu et son violon mutant, une bergère et ses violents moutons, un cheval sans queue ni tête, Alain Delon joyeux, un condor réveillé, Pol Pot ressuscité, un Florian Zeller ailé, une vache avec 3,14 pis, l'oncle Ben sur un taureau, BHL déguisé en Tocqueville, un tsunami ennemi et un dessin danois.

L'homme traversa le grand hall, catapulta des portes battantes métalliques qui donnaient sur des coulisses... coulisses qu'il traversa à la vitesse d'un trombone dysentérique pour arriver sur une scène immense où s'érigeait le décor majestueux d'une forêt autrichienne plus luxuriante que Marie-Antoinette. Il s'emberlificota dans le grand rideau rouge qui ne réagissait qu'aux *trois coups* consacrés, parvint enfin au prix d'un effort surhumain au bord de la scène devant un public soudainement ébahi, abasourdi, consterné par cette apparition dénudée et ridicule...

Le silence fit un coup d'état et prit le pouvoir !

L'homme bringuebalant mit les deux mains à sa gorge et la troisième sur son cœur, cligna deux ou trois fois des yeux et s'effondra dans la fosse d'orchestre...

La tête heurta d'abord la grosse timbale qui offrit un rebondissement à la situation... et permit au corps tout molasson de passer en coup de vent au-dessus des bois sans prendre le temps de faire les cuivres ! Cette envolée qui n'avait rien de lyrique s'acheva entre les cordes de la harpe… tout ficelé !

La Première de *La Flûte enchantée* à l'Opéra Bastille n'aurait pas lieu ce soir !

*

* *

2

Surprise de la Bastille

Tout le monde connaît la Bastille ! Ce haut symbole d'une Révolution française tant appréciée dans les livres scolaires, ce bain de sang nécessaire au fondement de l'Éducation Nationale... Cette Révolution française inventrice de l'électricité selon Jack Lang, qui lui permit de passer des ténèbres à la lumière (à la France pas à Djack Lang). Cette ancienne forteresse donc, synonyme de la barbarie royale, de l'absolutisme tyrannique, qui fut détruite pierre à pierre pour écraser les traces d'un pouvoir de trône plus que pour sauver ses sept pensionnaires de l'infamie et de l'injustice, n'a jamais été aussi présente que depuis qu'elle est absente ! Tellement présente que les vieilles autorités louis-philippardes décidèrent d'en faire une place ! Une place avec de l'érection libertaire... Une belle colonne tout cuivre avec un génie en son sommet pour ne pas oublier que la dictature existe ! Puis une place à défilés... pas de mode ni de Thermopyles, du défilé sérieux, du républicain ! Du panthéon social ! Tout y passa, les avènements mitterrandiens, les événements mitterrandiens, les enterrements mitterrandiens ! On y fit défiler du chômeur, de l'étudiant martyrisé, du gréviste plus remonté qu'une armée d'automates, du fonctionnaire déprimé, de l'avorteuse patentée et de l'avorteur pas tenté, du char à voile et à vapeur… On y aboya ses haines et ses désirs, on y composa des hymnes à la saloperie ambiante, on y brûla les effigies du renouveau fascisme, on y applaudit les trente-cinq heures, on cracha sur les soixante-cinq ans… et les promoteurs assoiffés se félicitèrent de la flambée de l'immobilier dans le XIIième arrondissement.

En ces temps bénis de rasage gratis, de bonheur social et d'aisance financière, Paris prit des allures pharaoniques avec de la construction mythique, pour ne pas dire ésotérique, de la pyramide, de l'arche, de la tour de verre, de la colonne de Burettes… Il fallut aussi du symbole social, du monument rassembleur, de l'emblème généreux. On songea alors à l'élaboration d'un opéra populaire ! Un opéra pour toutes les bourses et toutes les oreilles, un opéra-bannière qui réunirait en une nouvelle passion commune l'élite nantie et la masse anonyme ! De la belle idée, noble, magnanime, de l'idée électorante en diable ! Il fallut trouver une aire d'opéra… Cette fameuse place de la Bastille avec ses quelques hectares en jachère tombait bien… si bien en fait qu'elle fut choisie.

L'opéra Bastille était né !

Et pour asseoir un symbole déjà bien assis, on l'inaugura le 14 juillet 1989, soit le jour du bicentenaire de la Révolution française ! Il y a des hasards incroyables, tout de même !

Il connut bien des vicissitudes, ce fier établissement, dans sa conception d'abord, dans son élaboration ensuite et dans sa gestion pour finir. Ce grand bateau de la scène musicale française eut plusieurs capitaines dont peu voulurent sombrer avec le navire… L'esprit Titanic s'était perdu.

Heureusement, les fantômes du génie (pas celui de la Bastille) vinrent au secours de l'endroit, Verdi, Wagner, Rossini, Mozart, Weber, Weill, Bizet… Tous les esprits de ces belles têtes bien faites vinrent hanter les coulisses et la scène de l'opéra et peu à peu firent oublier toutes les mesquineries humaines, les coucheries, les bergeries, les chungueries, les barem-boimeries, les carences architecturales et les déboires acoustiques, les orgueils mal placés de chanteurs mal embouchés ou de chanteuses mal embouchantes ! Honneur à la musique ! Les grands esprits qui se rencontrent toujours vinrent faire la chasse aux petits, qui ne grandissent jamais !

Le commissaire Guillaume Suitaume, grand amateur de musique classique et grand chasseur de cuistres de grenouilles, songeait à tout cela sur le chemin qui le menait du Quai des Orfèvres à l'Opéra. Quelques minutes auparavant, tout à sa promenade post-prandiale, la corne de brume qui lui faisait office de sonnerie téléphonique avait retenti, fauchant sa tranquillité en pleine digestion ! Y'avait eu meurtre ! À l'opéra ! Un machin sauvage, inexpliqué ! Du bizarre, du pour lui… Urgence ! « Qui ? », « Ah ! non, pas lui ! »

Suitaume jura… mais un peu tard, qu'on ne l'y reprendrait plus.

L'abord de la nuit était doux et printanier, peu propice au crime... et pourtant… pourtant... un salisseur de calme venait de commettre, de s'adonner… Une nouvelle graine à dépeupler avait germé dans la capitale, une sale pousse pleine de noirceur ! Un sans scrupule qui ne respectait même pas le plus noble des arts, la musique ! Suitaume en eut une nausée digne de Sartre… En pouvait plus des pervers, des accrocs de la faux, des faiseurs de squelettes, des niqueurs de vies, des niqueurs de mères, des spoliateurs de souffle ! Quel tordu du cervelet avait bien pu en vouloir à un musicien aussi charismatique et adulé que Rupert von Ruppett ? Ce grand chef autrichien venait de tomber au champ d'horreur, sinistrement assassiné devant son public ! L'assassin n'avait même pas eu la décence d'attendre la fin de la représentation.

La place de la Bastille était aussi pleine qu'une urne de second tour d'élection présidentielle Chirac/Le Pen, pleine d'une foule aussi inquiète que curieuse… L'atmosphère était tout électrique. Le commissaire se fraya un chemin à travers la barrière de policiers sans avoir besoin de montrer sa carte de péage aux trois couleurs de la République… Trop connu, loup blanc, vedette policière, le Suitaume… Chapeau bas, hommage, du respect plein les yeux. Il avait fière allure, ce descendant de Vikings, avec sa chevelure rousse et sa moustache à la gauloise… Tout reconnaissable. Boutefeu des pires criminels dans les dix dernières années, croquemitaine pour tous les voyous qui avaient des ambitions, il faisait sensation auprès de la presse à.

Derrière le périmètre réservé, on l'abordait déjà, on lui aboyait quelques questions racoleuses pour un public de choix, un public chazalien, arthurien (pas le chevalier, le présentateur) auxquelles il ne répondait pas. Suitaume n'était pas l'homme des honneurs, pas l'homme-déshonneur, cherchait pas les palmes ni le tuba, mangeait pas dans la grande gamelle ! C'était du comme on n'en fait plus, du démodé total, taillé dans le roc d'où naissent les Elliott, de l'incorruptible, du panache vieille France, celle d'avant, pas fait dans du moule républicain ! C'était de l'homme sans besoins, rien à acheter, rien à vendre, de la graine d'homme libre, indépendant... C'était de l'homme qui savait conchiait quand on l'emmerdait !

Il ignora donc la presse qui s'empressait, grimpa les escaliers de l'opéra avec l'aisance que lui laissaient des jambes de quarantenaire aussi musclé qu'une réplique de Laurent Baffie (celui qui a une tête à) et s'engouffra dans le nouveau temple parisien de la scène musicale.

Oui, c'est bien une périphrase.

Une jeune femme tout en muscles pulmonaires vint l'accueillir.

Pour éviter une description fastidieuse et échevelée qui pourrait nuire à ma réputation d'auteur sérieux, je dirais simplement qu'...

... elle s'appelait Purdey Prune et qu'elle était à la femme ce que le mouton à cinq pattes est au mouton : une exception ! Un instant, Suitaume se laissa guider par la musique des sens, cette musique qui fait onduler tous les bassins mâles à la vue des hauts seins femelles, une musique chatoyante caresseuse de muqueuses. Il se reprit très vite... car il était plus chasseur d'infâmes que de femmes.

– Commissaire, vous tombez bien.

Il ne trouvait pas.

– Suivez-moi.

Ce qu'il fit... jusqu'au bout du monde s'il avait eu l'audace de lui avouer sa flamme. Hélas, homme de tous les courages, il lui manquait pourtant celui-là.

Purdey l'entraîna dans du dédale de couloirs un peu sombre, du labyrinthe moquetté, de l'enchevêtrement d'architecte mégalomane, par lesquels ils gagnèrent les coulisses. Là, l'effervescence de l'aspirine faisait de grosses bulles... Suitaume y trouva de la soubrette en pamoison, du ténor viril, de la basse chochotte, de la soprano en pleurs, de la mezzo sans voix, du baryton pour et du haute-contre, un violoniste aux sanglots longs, une harpiste harpie, un altiste altruiste, un percu sioniste, un trompettiste pas très catholique, un petit chanteur à la croix de bois qui crachait en croyant dur comme fer qu'il irait en enfer, un clarinettiste pas plus clair que net, un tuba asthmatique et le type du glockenspiel qui n'avait pas de nom (on le comprend)... Que du beau monde musicien tout à sa peine, à son ébahissement, à son choc ! La situation avait quelque chose de terrible et de ridicule à la fois... Tous ces chanteurs et chanteuses qui s'abandonnaient à leur chagrin dans leurs costumes de lumière... C'était La Flûte désenchantée ! Dans tous les coins, ça poussait du « han », du « hon », du « pourquoi », du « comment », du « il était si bon », du « il était si fort »... Personne ne réalisait, personne ne comprenait ! Rupert Von Ruppett n'était plus ! Il ne rayonnerait plus au firmament des grands chefs ! La musique était plus en deuil que l'ongle d'Archimède le clochard.

La présence de Suitaume fut à peine remarquée. Il gagna la scène du crime où s'affairaient déjà quelques policiers encombrés de routine et des pompiers de Bonneuil. Dans la fosse... le chaos !

On sentait qu'un vent de panique avait balayé les hautbois ; les chaises et les lutrins à partitions étaient renversés un peu partout. Un bonhomme ventru, cintré dans un smoking, les deux mains sur les hanches (pas celles des clarinettes) regardait le désastre en dodelinant du chef (pas d'orchestre).

– C'est la mouise… Ah ! oui, c'est la mouise !

– Monsieur Dressamer... l'interrompit Purdey.

L'interpellé se retourna avec l'air un peu ahuri du type qu'à eu de la chance d'avoir un boulot.

– Hein ? intellectualisa-t-il.

– Monsieur, le commissaire Suitaume est ici…

– Ah ! oui, excusez-moi.

Il s'approcha de Suitaume et lui attrapa une main qu'il secoua avec chaleur comme s'il s'agissait d'une bouée de sauvetage.

– Bonjour, commissaire, postillonna-t-il tout souffleteux, Yvan Dressamer, directeur de l'opéra… C'est horrible ! Cela fait à peine trois mois que je suis en poste et voilà ! Le ministre ne va être content, pas content du tout…

– La femme de Rupert von Ruppett non plus, priorisa Suitaume.

– Oui… oui, bien sûr… le pauvre, la pauvre…

Puis il regarda le policier avec l'air de la poule qui a cassé une graine.

– Mais non… Ruppett n'était pas marié !

– Cela fera une malheureuse en moins, rebondit le commissaire… Excusez-moi un instant, monsieur Dressamer.

Il se retourna et gagna le fond de la fosse. Deux urgentistes du SAMU attendaient patiemment près de la harpe. Purdey Prune présenta le cadavre à son supérieur hiérarchique qui n'avait pas l'honneur de le connaître personnellement.

– Nous ne l'avons pas touché avant que vous puissiez le voir, commissaire.

– Que s'est-il passé précisément ? On a des témoins ?

– À peu près trois mille dans le public, plus les

quarante musiciens de l'orchestre !

Suitaume siffla entre sa moustache.

– Fichtre ! En voilà au moins un qui sait choisir sa sortie. Que s'est-il passé exactement pour qu'il en arrive là ?

– Une chanteuse qui remontait se changer dans sa loge l'a vu sortir de l'ascenseur comme une furie, tout débraillé… Il semblait terrorisé ! Il a couru jusqu'à la scène et s'est effondré dans la fosse.

– On ne sait pas ce qui l'a effrayé, j'imagine ?

– Pas encore.

Suitaume contourna la harpe et s'approcha du cadavre. C'était horrible, il avait le teint rouge du type qui a joué du pipeau toute la nuit, un visage strié sur le violet[1], des joues un peu gonflées qui le faisaient ressembler à un hamster en pleine rougeole et le cheveu habituellement blanc comme une neige alpine dorénavant tout grisâtre ; mais le pire étaient ses yeux, des yeux tout effarés, agrandis terreur, de l'écarquillé de compétition, de l'œil rougi sur le blanc avec éclatement de vaisseaux et dilatage de pupilles. Certaines théories avancent que la dernière chose que voit ce genre de victime est imprimée dans sa rétine avec cachet de la poste qui fout les foies ! Suitaume n'avait jamais rien constaté de ce côté-là… et cette fois-ci pas plus que d'habitude. Mais une chose était certaine… avec un tel regard, Rupert Von Ruppett avait flippé jusqu'au tilt ! Il avait connu la peur intense, de la frayeur en synthèse ! Quelle chose pouvait bien procurer un tel sentiment ? Le trac paraissait un peu excessif ! Peut-être allait-on découvrir sa feuille

1. Vous pouvez bien dire ce que vous voulez mais cette plaisanterie de haut vol a le mérite d'être inédite.

d'impôts dans sa loge ?

Le policier se tourna vers les urgentistes.

– Vous avez un diagnostic, messieurs ?

Le premier, un grand blond décoloré à l'eau oxygénée et à l'œil bleu Caraïbes prit un air docte (ce qui mène moins loin qu'un Airbus).

– D'après la couleur de la peau et l'effet de dépigmentation que l'on trouve sous la cerne des yeux et si on y ajoute un éclatement violent des vaisseaux rétiniens, jouxté au durcissement de la chaîne ganglionnaire, renforcé par l'accumulation des petits points blancs sur les oreilles, accompagné d'un amollissement du cuir chevelu, complété par une langue asséchée et des dents jaunes… il est clair que nous avons affaire à un empoisonnement !

– Que seule l'autopsie éclairera, acheva le second (et dernier) urgentiste, qui n'avait pas la langue de son collègue dans la poche de son voisin.

ATTENTION !

Tout ce qui précède en matière d'analyses médicales est rigoureusement n'importe quoi. Si d'aventure vous retrouvez votre chat, votre piranha domestique, votre voisine ou votre conjoint(e) mort avec cet air de téléspectateur du 20 heures, ne vous servez pas de ce diagnostic… Votre victime est peut-être tout simplement morte de voir votre tête au quotidien...

Dans ces digressions italiques qui égrènent mes crimes littéraires, et que les lecteurs me réclament de plus en plus par un courrier aussi anonyme qu'abondant, je tente d'opérer un rapprochement lecteurs/auteur, d'accéder à la symbiose absolue, au nirvana osmotique, montrer qu'on peut faire corps… Z'êtes pas truffes ? Z'êtes pas dupes ? Vous savez que le roman policier, le free-leurre, *est un mensonge gratuit (je parle du contenu), que tout ça, c'est pour faire « comme si c'était vrai », ce n'est que de l'effet plumitif, de la mécanique bien huilée pour vous stimuler le stimuli… C'est d'accord ? Moi, j'aime bien démonter les mécanismes, ça me rend gaillard ! Je vous concocte une sorte de bonus* DVD *sans* DVD, *du* making-off, *du mec qui offre, tout altruiste, tout généreux, le Gordon, travaille pas dans son coin uniquement pour faire tomber la royauté, royaltie comme y'disent… Comprenez ? Je m'explique par l'exemple :*

Je vous pose une scène avec du mort… Je ne vais quand même pas ouvrir le dico médical pour vous faire croire que j'ai suivi une ambulance pendant quinze jours… Tout ça vous passe au-dessus de la moumoute ! Le Grangé, le Clancy, le Crichton savent pas plus que moi… Font semblant pour vous épater, vous mettre dans leur poche, vous faire croire que vous aller devenir érudits ! Ils recopient l'encyclopédie et appellent ça techno thriller… *Ça fait bien et ça coûte 22 euros !*

Je préférais vous en parler avant de continuer ce livre d'admirable facture (15,80 euros seulement).

Un empoisonnement ?! Un empoisonnement qui faisait peur ? Fallait creuser. Suitaume autorisa le déficelage du corps, son désharpement, et exigea qu'il soit envoyé en hélico-presto dans la tanière médico-légale de Clotaire Minatore, le médecin légiste le plus brillant de sa génération, le scientifique qui rendait le cadavre heureux ! Le scalpeur qui faisait sourire le *post-mortem* ! Lui saurait déceler la nature du poison qu'exorbite !

– Voulez-vous interroger quelqu'un en particulier, commissaire ? n'oublia-pas-de-faire-son-métier Purdey.

Suitaume se tourna vers le directeur de l'opéra qui ne mouftait plus… avait la glose rentrée.

– J'aimerais d'abord visiter la loge de la victime… Vous pourriez nous y conduire, monsieur Dressamer ?

– Évidemment, suivez-moi.

Laissant les urgentistes à leur triste besogne, les deux policiers suivirent le rondouillard dans les hauteurs du dédale républicain (sans fil de Marianne). Ils croisèrent de drôles de gens dans de drôles de costumes qui poussaient des petites cris qu'on appelait vocalises. À force d'ascenseurs, de couloirs et de persévérance, ils arrivèrent à la loge du défunt. Ivan Dressamer en fit les honneurs avec une certaine fierté mâtinée de nostalgie. La pièce, grande et confortable, était plus cosy qu'un opéra de Mozart. Le mur principal était tapissé d'une longue glace qui faisait réfléchir les physiques les plus récalcitrants et les esprits les moins vifs. La coiffeuse ressemblait à un meuble de salon de coiffure avec son lot de sèche-cheveux à propulsion hydraulique, gels à mini-vagues déferlantes, peignes pour girafe, bigoudis bigoudens, rasoirs de proximité….

Tiens, je digresse… et en profite pour envoyer un message aux auteurs en herbe, aux jeunes pousses et aux vielles branches, aux tailleurs de plumes et aux suceurs de papier, en ce qui concerne l'expression « raser de près ». *Pourriez-vous signer cette pétition impromptue et amicale pour le retrait de cette locution à devenir mou des genoux ? Z'êtes d'accord ? Je connais un tas de types, dont moi, qui se rasent (pas en lisant mes livres) ou qui se rasent… pas. Mais je n'en connais aucun qui se rase de loin. Messieurs, l'expression consacrée est* « raser de frais » *! Méfiez-vous des appellations non contrôlées !*

… fer à défriser un Allemand, laque majeure, laque Clément, Shampoing Américain, Shampoing Denlagueule, Shampoing Surlézi, Shampoing Cétou, ciseaux pour la frange rigolade, ciseaux à désépaissir le brouillard, tondeuse à sabot + un fer à cheval pour porter bonheur… etc.

La liste pourrait s'allonger mais la patience du lecteur diminuer d'autant. Acte.

Devant la grande fenêtre qui laissait voir un Paris nocturne, illuminé et sauvage, trônait un piano avec une petite queue. Un crapaud. C'est son nom, sans doute parce que cela ressemble à un batracien replié sur lui-même. En passant devant, machinalement, Suitaume tapota les touches et joua l'air de la femme au foyer épanouie, *do, mi, si, la, sol, fa, si, la, si, ré,* un petit air dépoussiérant en diable.

En parfaite femme de méninges, Purdey commença la fouille des tiroirs avec méticulosité (qui est un mot assez laid, convenons-en). Suitaume, quant à lui, n'avait qu'une méthode : observation et analyse. Toute sa réputation de profileur de génie s'était faite sur ce couple de mots.

– Cette loge était-elle exclusivement attribuée à Rupert von Ruppett ? manda-t-il sans mandat.

– Au directeur musical, plus précisément. Cela faisait un peu plus de trois ans que Rupert était parmi nous à ce titre. Il avait succédé à Chung.

« À vos souhaits » *dirait un auteur facile... Ce que je ne suis pas.*

Suitaume remarqua une photo des *Chippendales* accrochée sur la porte d'entrée juste au-dessous de celle d'un Tchaïkovski souriant. C'était du poster rieur qui laissait augurer un goût pour le postérieur chez Ruppett. La piste de la vendetta homo n'était pas à négliger... Il y avait eu des précédents dans le monde musical.

– Vous lui connaissiez des ennemis affichés ?

– Non.

– Témoin de querelles privées ?

– Non.

– Des excentricités particulières ?

– Non.

Suitaume songea qu'un homme pareil était forcément suspect. Dommage qu'il fût mort, il aurait était le coupable idéal.

– Sur quoi donne cette porte ?

Car près du piano, il y avait une porte.

– C'est la chambre. Il pouvait y faire une sieste après les répétitions.

– Très pratique.

– En effet.

Je sais... mais de toute façon, le grand prix du dialogue m'est refusé tous les ans alors je ne vais pas continuer à pondre de la réplique légendaire.

Poussé par une curiosité toute professionnelle, le profileur poussa la ladite porte.

Spectacle ! « *The show must go on* », d'accord mais là...

La chambre était plus retournée qu'une crêpe bretonne. Un santsutsou féroce, un tsunami privé, de la chambre à cochonne qui ne retrouve pas ses petits ! Il y avait eu dévastation, carnage... Le matelas avait été éventré avec sauvagerie et déversait ses boyaux de coton à travers toute la pièce, neige printanière ! Tous les tiroirs de la commode avaient été soigneusement vidés... Aucun polichinelle n'aurait pu survivre à un tel massacre ! Les cadres avec portraits de compositeurs morts avaient été arrachés des murs et brisés violemment...

– Vous disiez, monsieur Dressamer, que Rupert von Ruppett n'avait pas d'ennemi ?

Le visage de l'interpellé était défait comme le lit d'Elisabeth Taylor et Richard Burton après une cure de désintoxication... À l'évidence, le directeur de l'opéra ne comprenait pas ce qu'il voyait. Le spectacle dépassait son entendement... d'une bonne tête.

– Comment peut-on en vouloir à ce point à quelqu'un ? C'est odieux !

Suitaume lui aurait bien expliqué que les archives policières étaient pleines de mauvaises raisons qui poussaient l'homme à être un salaud pour l'homme mais l'heure n'était pas au débat philosophique.

– À mon avis, celui qui a fait ça cherchait quelque chose...

– ... Ou bien c'est une vengeance féminine ? suggéra Purdey, qui connaissait les ressources cachées de celui que l'on appelait abusivement le sexe faible.

Suitaume sourit à son bras droit avec l'indulgence du pervers qui a une arrière-pensée en arrière-boutique.

– Ma chère douce, l'admirateur de Tchaïkovski, d'Arthur Honegger et de Francis Poulenc, alias *notre victime*, n'a certainement pas manqué de respect à une dame depuis son catéchisme !

C'était le profileur qui parlait, celui qui en deux photos et trois poils de nez avait tout compris de l'humeur amoureuse de son client.

– Notre inconnu cherchait quelque chose, continua-t-il sur sa rampe de lancement, qu'il n'a sans doute pas trouvé.

– Qu'est-ce qui vous fait dire ça ? ne comprenait-rien le directeur.

– Ce miroir là-bas, visiblement brisé dans un accès de rage... Avant de sortir, notre intrus a pris un livre et l'a jeté avec toute la force de son dépit (pas celui du bon sens).

– Sept ans de malheur, se signa Purdey qui connaissait également ses classiques.

– Ne parlez pas de Mahler, répliqua Yvan Dressamer, la voix en larmes, quand je pense que le pauvre Rupert devait interpréter l'intégrale de ses symphonies ici-même le mois prochain… Ça me retourne.

Ce qui n'était pas prudent, convenez-en.

Suitaume éluda la crise et le quiproquo du même geste qui sert à chasser les mouches.

– Que pouvait avoir à cacher Von Ruppett pour qu'on lui joue une telle musique de chambre ? D'ailleurs, cela serait drôle…

Suitaume contourna le lit avec toute la célérité d'un homme qui ne veut pas perdre le fil d'une bonne idée. Il s'agenouilla près de la table de nuit, enfila ses gants de caoutchouc plus extrafins qu'une botte de haricots verts du Maroc pour éviter d'épater d'éventuelles empreintes et ramassa le livre qui avait servi à mettre fin à la réflexion du miroir… Il s'agissait du dernier tome des correspondances de Mozart dans une belle version reliée en pleine peau de chagrin. Il ouvrit l'ouvrage, le retourna et fit défiler les pages pour voir s'il n'y avait rien de glissé entre les feuillets.

Il n'y avait rien de glissé entre les feuillets.

– Il n'y a vraiment rien de glissé entre les feuillets, commissaire ? s'intéressa Purdey.

– Non, non, rien ne s'y est glissé, répliqua Suitaume, définitif.

– C'est dommage, se déçut Ivan Dressamer.

Essayez, vous verrez que ce genre de bêtise détend pas mal. Toutefois, pour ne pas laisser entrer la morosité dans ce roman étonnant de modernité policière, je vous prépare un rebondissement de derrière les fagots…

Soudain, un cri déchirant et beau à la fois déchira l'ambiance déjà bien entamée !

Voyez !

Purdey venait d'user de son bel organe pour exprimer une surprise teintée de terreur.

– COMMISSAIRE !

Dans un mouvement de gazelle qui veut sauver son petit, la jeune femme se rua sur le lit, attrapa Suitaume par les épaules, en profitant pour déchirer sa veste d'alpaga qu'il avait alpaguée aux Puces, puis le souleva jusqu'à elle… Les deux policiers s'effondrèrent sur le lit et firent rebondir les ressorts et la situation en une parfaite osmose. Croyant à une déclaration spontanée de l'admiration de sa subordonnée, Suitaume se laissa faire… Yvan Dressamer, par pudeur, détourna la tête. Il connaissait mieux les mœurs du milieu artistique que ceux, plus opaques, du monde policier. Dans le feu du mouvement, Purdey se retrouva à cheval sur Suitaume, à défaut de l'être sur les principes. Les mouvements ondulatoires de l'amazone(.fr) firent danser ses outrances mammaires qui achevèrent d'exorbiter (et je baise mes mots) le commissaire… Il exorbitait tellement qu'il en était gêné ! Il voulut repousser l'attaquante et montrer que le Viking vigoureux, le vieux barbare était toujours pugnace en lui, qu'il connaissait par cœur tous les madrigaux amoureux de Monteverdi et qu'il pouvait chanter la sérénade sous son balconnet à plaisirs, qu'il pouvait lui montrer que derrière l'aspect sobre de l'homme courtois se cachait un cœur de bête sensible au rut (à baga… telles), un cœur d'homme tout fragile, tout *chair faible*, de l'homme émotion avec du chromosome érectionel, de l'homme qui pouvait s'adonner sans complexes, se donner sans limites, s'amidonner du jonc, se durcir le tempérament en matière de cochonneries… Suitaume était réputé et parfois moqué pour son esprit chevaleresque, pour son côté amour courtois, noblesse à l'ancienne avec baisemain, ronds de jambes et fleur à la boutonnière, mais à l'abri des apparences toujours trompeuses se dissimulait l'animal turgescent, le briseur d'idéal, la plante grimpante aphrodisiaque, le tuteur pervers, le bâton de ma raie sale, le piston voyageur, le serpent envoûté par la flûte... l'élément qui vous défaisait une réputation en deux coups, les gros ! La situation l'exigeait, il allait changer ses habitudes !

Réflexion !

Mais non ! Stop ! Arrière ! Va du rétro ! Son statut exigeait qu'il restât de marbre ! Qu'il repousse l'hydre à tête de nœud, qu'il soit fort ! Il devait restait débandant mais pas dépendant ! Il posa ses deux jeux de paumes sur les rondeurs laiteuses pour rejeter l'assaillante, la saillante, l'essayante et s'enfonça dans l'erreur, forcément, trop c'était trop ! Y'avait bombance, redondance, abondance, cette abondance de biens qui ne nuit jamais !

Purdey, quant à elle, se sentit agrippée et devint fébrile, c'était pas de la grippe aviaire mais de l'agrippe à vit qui erre ! Y'avait comme une odeur de stupre ! Que faire ? C'était son patron tout de même... Le mauvais réflexe et elle pouvait se faire débaucher en un tour de main et deux tours de rein ! Elle hésita à bouger, d'autant qu'elle était dans les mêmes sentiments... La jolie fille était une réservée de nature ou d'une nature réservée, mais cela ne l'empêchait pas d'avoir du cœur à donner et de l'admiration à revendre, un cœur de carmélite dans un corps de Carmen d'élite ! De la belle Prune brune à la peau de pêche veloutée comme un yaourt bulgare, avec de longs cheveux droits, épais et noirs qui faisaient ressortir l'émeraude des yeux de chat… chat perché en l'occurrence ! Elle rompit la magie de l'instant…

Je tiens à dire que toute cette scène un peu longue n'a duré à l'écran que quatre secondes et trois dixième. C'est une sorte de ralenti littéraire.

… Elle rompit la magie de l'instant en faisant un roulé-boulé sur le côté tout en se saisissant du petit pistolet ultra-plat dissimulé dans le revers de sa botte en daim rose. Elle se mit debout sur le lit et fit feu à trois reprises sous la table de nuit. Ivan Dressamer en profita pour se faire une petite frayeur puis s'évanouit tranquillement dans son coin. Suitaume remit un peu d'ordre dans son érection et se releva, totalement éberlué.

– Qu'est-ce qui vous a pris, Purdey ?

– Ça ! pointa-t-elle du bout de son canon encore fumant.

Je parle du pistolet, pas de Purdey. Je précise pour les petits salauds à arrière-pensées cochonnes.

Ça, c'était un petit serpent à lunettes !

Nous finirons cet étrange chapitre sur un vieil adage sénégalo-polonais : « Femme qui tue un serpent à lunettes, femme qui aime l'enquête ! »

… Et c'était vrai !

*
* *

3

Aspic au jeu !

Le serpent était tout racorni sur la moquette. Les trois balles de Purdey lui avaient fait un sale effet et son sang commençait déjà à se réchauffer. Suitaume sauta du lit et vint examiner la bestiole. Il remarqua les trois traits rouges qui striaient la tête en forme d'heptagone.

– C'est un aspic de la Mirandole, conclut-il, sans doute la variété de serpent la plus dangereuse qui soit mais aussi la plus rare !

– Il n'a pas dû arriver là par hasard, réfléchit Purdey.

Suitaume regarda sa collaboratrice avec l'air d'un pommier qui a perdu une noix de coco.

– Vous savez quelle est la caractéristique de l'aspic de la Mirandole, ma mie ?

Elle fut obligée de reconnaître qu'elle l'ignorait car elle n'avait pas la culture de puits sans fond de son mentor.

– Son venin est hallucinogène ! apprit-il à la belle.

Nouvelle qui la plongea, comme le lecteur de base, dans un abîme de confusion mâtinée de perplexité... Abîme duquel elle remonta pour en conclure que :

– Rupert Von Ruppett aurait donc été piqué par icelui ?

C'est assez rare comme tournure mais ça pose l'auteur cultivé.

– Vous ne m'avez pas parlé d'une chanteuse qui l'a vu sortir de l'ascenseur avant d'aller se défausser dans la fosse ?

– En effet, confirma-t-elle.

– Allez me la chercher, s'il vous plaît Purdey, on va voir si tout cela corrobore... et en passant, si vous pouviez ranimer duschnock, cela ferait moins de travail pour la femme de ménage.

La jeune femme s'exécuta sur le champ. Il manquait juste le petit matin frais et les douze fusils.

Avant de sortir, elle se pencha sur la masse inerte qui gisait comme un gisant de Fontevrault, en moins noble et en plus mou. Purdey, derrière cette grâce naturellement aérienne, n'en était pas moins une femme de police, une femme qui ne s'embarrassait pas de l'élément romantique, une femme qui n'avait pas fait ses humanités sur les mêmes bancs d'école que Jane Austen... Elle avait de l'orgueil mais pas de préjugés, elle se faisait une raison mais pas de sentiments, aussi choisit-elle la vieille méthode dite de la *baffe dans la gueule*. Là où l'élégance s'effondrait, l'efficacité triomphait. Ivan Dressamer se réveilla aussitôt, les deux joues rougies par l'aller-retour Paris-Vienne que venait de lui octroyer l'officière aussi fière, mais très vite, le visage épais, couvert de surprise, muta sourire en voyant l'égérie (de me voir si belle). Purdey lui fit part de son désir de rencontrer le dernier témoin à avoir croisé Ruppett en pleine course éperdue. Le directeur de l'opéra fit un bond en avant tout à fait moche, se servant de sa brioche pour faire balancier. La technique lui permit de se relever comme un athlète de gros niveau.

Le couple disparate sortit enfin du studio, laissant Suitaume à sa fouille méticuleuse. Il archéologia en profondeur, repassant chaque millimètre avec son fer à ressouder les pièces de puzzle. Une chose avait fait jour très clairement dans son esprit désembrumé : sa première analyse était fausse. Ce n'était pas une seconde personne qui avait retourné l'endroit, c'était Rupert von Ruppett lui-même ! Facile de l'imaginer seul dans sa loge, se préparant pour le concert, se décontractant... quand soudain, paf ! la piqûre foudroyante, la morsure en traître, la plaie (sous les drapeaux) infectante ! Il n'a pas bien dû comprendre ce qui lui arrivait, le pauvret... « *Un serpent dans ma chambre ?! J'hallucine !* » Croyait pas si bien dire, le piqué au jeu, simple extrapolation deux minutes avant l'enfer ! Puis le pétage de plomb, les poils de la touffe arrachés un par un à la tenaille rougie, le cervelet en pleine déroute, le sentiment que la bombe avait explosé sous son crâne ! Les réactions après une piqûre d'aspic de la Mirandole pouvaient être terribles, caravagesques, daliesque, goyavesque, baconesque, dürereresque, jéromeboschesque, picacassiette... Tous les tableaux de l'horreur pouvaient être envisagés, même dévisagés ! C'était du venin puissant qui transformait le *delirium tremens* en rêve d'enfant et l'héroïne en farine tamisée. Le chef d'orchestre avait dû voir des choses infernales, jouer les Frodon dans la Terre du milieu, tutoyer les anges déchus avec des sourires pleins de tridents, voir planer des mauvais présages, vivre des mauvais passages, voir des veaux mais pas sages ! Tellement de choses horribles en fait qu'il avait dû essayer de leur échapper en dévastant sa chambre ! Dérisoire. Mais la question restait posée : quelle main criminelle avait déposé l'objet du crime ? Et pourquoi ? Y'avait mille façons de liquider un homme sans être obligé d'aller chercher la difficulté animale. Fallait quand même le trouver, l'aspic ! Le manipuler ! L'acheminer ! Prendre des précautions élémentaires, histoire de ne pas jouer l'arroseur arrosé !

Les salauds à têtes pensantes, Suitaume les connaissait par cœur. Ce meurtre compliqué de torturé du bout sentait encore l'embrouille, le rituel, le truc à suite ! Le policier aurait mis sa tête à couper qu'il y avait de la mise en scène dans cette mort, de la préméditation perverse. La vengeance était à écarter, le passionnel aussi, l'argent hors de question... Restait quoi ? L'exécution ! Oui, c'était ça, cette mort mystérieuse fleurait l'exécution !

Y'avait eu sentence !

Tandis qu'il réfléchissait à cet étrange assassinat...

J'utilise l'euphémisme parce que j'ai eu mon diplôme de ministre des Finances la semaine dernière.

... Suitaume examinait chaque tiroir et chaque recoin. Une exécution, c'était un bon début de piste mais il fallait trouver de la corrélation logique, de l'accointance. Ce beau Rupert avait-il trempé dans une mafia quelconque ? Le Temple solaire ? L'Église de Scientologie ? C'était à la mode, ça, la Scientologie... Ça faisait de l'adepte à tours de bras, ça recrutait dans le chaud bise, dans l'élite nietzschéenne, pour mieux corrompre le tout venant, attirer le déprimé, l'esseulé, la malheureuse du corps et de l'âme, la proie idéale, celle qui pense qu'elle vaut mieux que sa feuille d'impôts ! À vérifier si Von Ruppett en croquait de la pilule à bonheur.

Ou alors un espion, un passeur de microfilms, un agent néo-nazi, un ex du KGB, un maussade du Mossad, un tamponné de la CIA qui utilisait ses partitions et sa valise à baguettes pour échanger des secrets internationaux ? Non, pas cohérent tout ça, le mur de Berlin était tombé, les illusions aussi... Utiliserait-on encore des chefs d'orchestre pour de telles besognes ?

En tous les cas, ses sous-vêtements ne laissaient rien transpirer, ses bagages ne recelaient aucun double fond et ses cravates ne portaient pas de micro. Le hic était ailleurs.

On frappa à la porte.

« Entrez ! »

Lorsque Purdey entra accompagnée d'une certaine personne au profil de chanteuse, Guillaume Suitaume crut un instant qu'il avait été piqué par l'aspic, qu'il était hallucinogé total, tout inoculé ! Purdey Prune souriait avec le rictus occis, l'air gêné, vicié, l'air occis gêné.

– Je vous présente la Reine de la Nuit, commissaire.

Emmanuel Schikaneder, le librettiste de *La Flûte enchantée* n'a jamais écrit nulle part que la Reine de la Nuit était un prix de beauté, je vous l'accorde, mais pour interpréter la mégère désaprivoisée, la noirceur opératique faite femme, le mal plus incarné qu'un ongle, on imagine une certaine stature dans le charisme, on ose espérer du méchant théâtral, de la belle sale gueule, du Dark Vador déguisé en Josiane Balasko, du docteur ni oui ni No, du Fantômas mâtiné de Mata-Hari... bref, on se fait des joies simples de voir une belle dégueulasse bien crédible pour pourrir l'amour bien pur de Tamino et Pamina !

Lupus Kiété, lui, le metteur en scène bulgare, avait

vu dans ses rêves les plus fondus, les plus abstrus, les plus tordus, et également dans une pub pour *La vache-qui-rit*, une espèce d'héroïne tout en rondeurs odieuses, une sorte d'hétaïre élevée aux loukoums de Damas. Il avait eu, ce brave artiste, ce qu'on appelle dans le jargon du show-business une *révélation* et dans celui des garagistes, un *court-circuit du delco* ! Il avait vu, imaginé, extrapolé dans cette apparition dantesque, la nouvelle égérie d'une nouvelle race de Reines de la Nuit ! Cette grosse serait tout osmose avec le décor ultra-moderno-délirant de Jarvis Platiné, le metteur en scène le plus à la mode de l'instant. Ce dernier, comme tout bon créateur de roue, avait imaginé une révolution de la forme, une refonte des couleur et des matières, essayant dans toute l'extravagance de son talent de faire corps avec le génie de Mozart ! Ce n'était pas gagné !

Cette nouvelle élue, donc, dans le cœur de Lupus Kiété, s'appelait Colchique Aurée, elle était soprano... ce qui en soi n'est pas un défaut. Le défaut, s'était plutôt son nom de jeune fille... Suitaume, Colchique Suitaume !

C'était la sœur, le cauchemar et la croix du commissaire... Une trinité infernale ! À cette vision, Suitaume en eut la chique coupée. La baleine était là, en bonne chair et en gros os... Toute son adipositée exposée dans une robe fourreau toute noire, de ce noir qui amincit. Raté ! Elle était l'exception qui confirmait la règle. Son teint blanc laiteux parsemé de tâches de rousseur, surmonté d'une chevelure de feu, la faisait ressembler au phare de Gatteville en pleine tempête ! Un visage éclairant qui prévenait les chalands qu'un écueil approchait...Elle était la réincarnation de Charybde et Scylla ! Nouveau naufrageur !

– Que fais-tu là ? s'échoua Suitaume.

– Ça surprend le béotien ? M'étonne pas. Tu crois que tout le monde se complait dans les métiers insalubres ? Heureusement que le monde n'est pas fait que de geôliers ! Qu'il y a quand même des âmes comme moi qui se décarcassent pour apporter un peu de bonheur aux gens...

– Tu te décarcasses l'âme ?

– C'est une image.

– Pas très belle, si tu veux mon avis.

Elle lui expliqua en quelques gestes très courts ce qu'elle pensait de son avis. Colchique Aurée, alias Suitaume, vivait depuis des années aux crochets de son frère avec sa fille Charlotte-Axelle, une jeune gothique, anorexique et hystérique. Ces deux harpies harponnaient en permanence le bonheur célibataire de leur frère et oncle.

Cette dondon lyrique oeuvrait dans l'intermittence, elle y vacuitait depuis de longues années, cherchant enfin l'ouverture sur la scène lyrique. Grand walkyrienne, amatrice de Wagner, fan tétralogique, elle venait de décrocher par le biais de ce rôle mozartien, non pas la timbale ni encore moins la jarretière, mais une chance d'imposer enfin son talent de soprano héroïque. Une simple publicité *La vache-qui-rit* lui avait permis de séduire Lupus Kiété, l'homme du moment.

En apprenant la nouvelle quelques semaines auparavant, elle n'avait pas voulu prévenir son frère, préférant l'écraser de son mépris. Il ne pouvait qu'en mourir étouffé.

Elle venait de faire les quatre étages et en était toute remontée.

– J'aurais dû me douter que tu étais dans le coup ! sibémola-t-elle en voyant son frère. Une mort dans les parages et tu rappliques ! Une vraie sangsue, un morpion policier ! Tu es jaloux, c'est ça ? Jaloux que mon talent éclate enfin au grand jour ? Tu es venu pour étouffer ma carrière dans l'œuf ?!

– Ma pauvre Colchique, tu n'es plus en âge d'avoir une carrière dans l'œuf ! Et ne m'oblige pas à te dire dans quoi tu l'as !

– Quoi ?! Mais de mieux en mieux, tu avais déjà l'instinct fasciste, le réflexe frappeur, il ne te manquait plus que la vulgarité ! Infâme personnage !

Elle se tourna vers Purdey qui gardait un silence prudent.

– Vous, la grue rose, vous êtes d'accord ? Il vous sévisse pas corporellement, le tordu, depuis le temps ?

Purdey faillit apporter une réponse rapide d'un tranchant de la main mais Suitaume repris les rênes, juste à temps.

– Mademoiselle Aurée, taisez-vous ! Vous êtes témoin dans une affaire de meurtre.

La grosse regarda son frère en se demandant s'il n'avait pas perdu une dent.

– Plaît-il ?

– Une affaire de meurtre !

– Un meurtre ?! Von Roupette a été assassiné ?

– En effet, Rupert Von Ruppett a été occis par un vilain !

– Mais je l'ai vu tout à l'heure sortir de l'ascenseur et il semblait péter le feu...

– Au sens propre ou au figuré ?

Outrage.

– Un sens plus propre que tes questions ! Il courait à la scène...

– Comme on court à la ruine ?

Elle ignora.

– C'était un exalté, un passionné… Je n'ai vu dans sa précipitation que l'expression de son impatience !

Suitaume n'avait aucune confiance dans les qualités de témoin de sa sœur.

– Décris-moi ce que tu faisais exactement et décris-moi avec précision l'état dans lequel était Ruppett. Qu'as-tu vu exactement en sortant de l'ascenseur ?

Avant de répondre, Colchique remonta son troisième bourrelet juste au-dessus des côtes plus flottantes qu'une île. Elle fit l'appel de ses souvenirs…

– Et bien, j'attendais l'ascenseur pour remonter dans ma loge parce que j'avais oublié mon diadème à pétards lumineux…

– Un diadème à pétards lumineux... s'intéressa Purdey, qui bien que policière, n'en était pas moins femme.

– Oui. Sensas ! C'est une idée de Lupus… C'est admirable de génie novateur ! Ce type est incroyable. D'ailleurs, la preuve, lorsqu'il m'a vu dans la pub pour *La vache-qui-rit*, il a tout de suite su que j'étais la femme idéale…

À ces mots, Suitaume comprit aussitôt que Lupus Kiété était de la confrérie des perceurs de coffres forts, les amateurs de *do* et de *ré*, les souffleurs de pipeaux ; seul un ami de l'oignon rougeoyant pouvait trouver de l'idéal chez Colchique.

– La reine de légende, continua Colchique, de ces reines de la nuit comme on n'en trouve qu'une fois dans une décennie. Donc, en voyant mon physique hors du commun, il a eut la vision de l'artiste devant sa muse, je l'ai inspiré de façon irrémédiable… Il m'a dit qu'il était condamné à être bon, que j'étais son cancer !

Suitaume jouait la perplexité aux dés, ses illusions

sur le talent de Kiété étant déjà perdues.

– C'est'y pas romantique, dit-elle, en faisant un clin à Purdey dans l'esprit « entre bombes, on se comprend ! »

Comme s'il pouvait y avoir un rapport entre une bombe anatomique et une bombe de cheval !

– À l'issue de ma grande scène, vous savez, là où je...

Et elle donna un bref aperçu de la puissance de son coffre (haillon serait plus approprié).

Ne connaissant pas grand chose au chant lyrique, je dirais que Colchique chantait un peu moins bien que Maria Callas et un peu mieux qu'une vache landaise... J'espère que cela pourrait aider les plus puristes d'entres vous. Les autres peuvent aller s'inscrire à l'association des oreilles en détresse.

Elle reprit son souffle et attendit que le fruit de son effort mûrisse. Purdey se sentit obligée de l'applaudir. Elle sourit avec le petit stock de modestie qu'il lui restait.

– Eh bien, à l'issue de ma grande scène, dans l'obscurité, je vais exploser !

Suitaume eut une mauvaise pensée...

... qu'il m'appartient de taire en tant qu'auteur chrétien.

– Le noir de mon fuseau va se confondre avec le noir du décor et seule ma tête irradiera la scène d'une vingtaine de pétards... Du jamais vu !

On le comprend.

Dans un regard commun autant que complice, Purdey et le commissaire venaient d'imaginer toute l'ignominie du tableau, l'outrance de la chose, toute l'errance hystérique d'une nouvelle école d'artistes tabularaseurs !

– C'est très moderne !

En effet.

– Madame Aurée, coupa Suitaume, vous vous égarez en détails superfétatoires, comme d'habitude ! Venons-en aux faits et rien qu'aux faits ! Et Purdey, s'il vous plaît, ne l'interrompez plus.

La chanteuse jeta des éclairs à son frère. Un fond de stock qui lui restait d'une interprétation du *Crépuscule des Vieux* qu'elle avait interprété dans une maison de retraite de Nogent sur Marne.

– Je suis donc devant l'ascenseur n°2 et j'attends... quand le 3 s'ouvre. Je vais pour y rentrer et voilà que je suis bousculée par une trombe furieuse, une boule de nerfs en feu en la personne de Rupert Von Ruppett... Je le vois qui court vers les coulisses et je me dis que ma montre retarde peut-être aussi et qu'il faut que je me dépêche d'aller chercher mon diadème à...

– Pétards lumineux, oui, on sait. Ruppett t'a seulement semblé pressé ? Il n'avait pas plutôt l'air terrifié ? L'air de l'homme poursuivi par quelque chose ?

Colchique fronça les sourcils... position faciale qui la rapprocha du saint-hubert (le chien pas le beurre).

– Maintenant que tu me le dis, c'est possible... très possible même.

– Et sa tenue vestimentaire ne t'a pas surprise ?

– Bein non...Elle aurait dû ? Ah si, attends... Il était torse nu ! Ah ! c'est ça, je me souviens à présent, j'ai pensé qu'il était en retard et qu'il finissait de s'habiller en courant.

Suitaume jeta un petit coup d'œil en coin à Purdey pour essayer de lui faire comprendre qu'on ne choisissait pas sa famille.

– Et dans l'ascenseur, il n'y avait rien ?

Colchique Aurée avait le nez creux et elle flaira le

piège. Qu'y avait-il dans l'ascenseur qu'elle n'avait pas vu ? C'est vrai qu'elle était distraite mais nom d'un chien, elle était tellement obnubilée par son diadème à pétards lumineux qu'elle avait zappé l'environnement et son contenu : le genre humain. Elle prit son air le plus mystérieux, celui qu'elle chantait dans le *Freischutz* de Weber et minauda des lèvres.

– Maintenant que tu me le dis... il est fort possible qu'il y ait peut-être eu un homme étrange... avec peut-être un imper sombre et un chapeau enfoncé jusqu'aux yeux... Il avait peut-être les mains dans les poches... et il tenait peut-être une arme cachée... Il est peut-être sorti au moment où je rentrais dans l'ascenseur...

Suitaume fulminait.

– Arrête, Colchique ! Tu as réellement vu cet homme ou pas ?

– J'ai dit PEUT-ÊTRE ! C'est pas vrai, ça ! Tout le monde ne peut pas avoir l'instinct du chien policier !

– C'est bon, c'est bon, Colchique. Tu peux partir...

– Encore une chance.

Elle se drapa dans la dignité qu'elle avait failli perdre et sortit sans saluer.

Suitaume essaya de baisser le rideau sur la dernière scène. Purdey lui sourit avec une certaine compassion qui pouvait ressembler à de la pitié.

– Votre sœur est quand même un drôle de personnage, commissaire...

– Drôle ? Vous trouvez ?

– Elle n'a pas la langue dans sa poche, avouez ?

– Sans doute pour cela qu'aucun directeur musical ne lui a confié le rôle de *La Muette de Portici*. Bien dommage !

Suitaume retraça à sa collaboratrice l'ensemble de ses premières conclusions concernant la théorie de l'exécution, l'exhortant à commencer l'enquête dans cette direction. L'homme qui avait déposé le serpent ne pouvait être qu'un familier de la grande maison... Purdey adhéra à l'analyse.

Suitaume frisotta sa moustache.

– Il y a une autre chose qui me turlupine.

C'est plus élégant pour un homme.

La jeune fille était ouverte et tout ouïe...

– Vous connaissez *La Flûte enchantée*, Purdey ?

– Comme tout le monde, répondit la dulcinée, sans exagérer.

Magnanime, le profileur sourit.

– Je vous le raconterai plus tard... mais sachez simplement que dans la première scène, Tamino, le héros, est poursuivi par une sale bête ! Vous savez laquelle ?

Évidemment non, qu'elle ne savait pas, mais elle avait du chou et un certain sens de l'analyse.

– Un serpent ?

Suitaume s'inclina.

– Vous êtes vraiment bonne, Purdey !

Je confirme.

*

* *

4

Un vol de haute portée

La collection privée Holderpup était arrivée d'Autriche trois jours auparavant pour prendre possession de la rotonde de l'opéra Garnier. Un kit construction rapide « *Exposez vos œuvres d'art n'importe où* » avait été installé pour accueillir l'exposition Mozart. L'effort était beau mais l'effet moche… Qu'importe, cela avait fait la joie d'un organisateur d'expositions commandité une fortune par le ministère de la Culture. Le principal était que le public français allait enfin pouvoir découvrir et admirer un certain nombre des effets personnels du Grand des Grands, tels que deux perruques usagées, un bas de laine (vide) reprisé par sa femme Constance, une chemise prêtée par Jabot, son violon d'Ingres d'enfant dingue, les quelques poils restants de son archer (ça crin !), l'épinette sur laquelle il composa la coupe de fruits de son mariage, son pot de chambre fissuré (mais toujours utilisable), sa correspondance pour son voyage en calèche Vienne-Salzbourg, le traîneau de son père, la traîne de sa mère, la plume qui faillit lui servir à rédiger ses mémoires, un tablier en cuir pour faire de la maçonnerie… et également quelques partitions sans importance, dont celle de *La Flûte enchantée.*

C'était l'année Mozart… et aussi celle des marchands qui aimaient Mozart.

Pour éviter que les jeunes de la banlieue ne montent à Paris pour exécuter leur concerto pour chalumeau, une équipe de sécurité de pointe avait été mise en place jour et nuit dans le hall de l'opéra Garnier.

Pour Osiris, cette mesure policière était un contretemps mais pas un handicap sérieux. Sa sagacité et son intelligence supérieure étaient mises à l'épreuve, il aimait ça ! Il avait relevé bien d'autres défis dans sa longue carrière d'exécuteur, lui que ses employeurs nommaient le *sphinx de l'ombre*, la silhouette égyptienne. Deux personnes seulement connaissaient son existence et le moyen de le contacter. Osiris était une sorte d'arme absolue, une arme fatale que certaines instances officielles utilisaient dans des circonstances extrêmes moyennant un prix, que l'utilisation de l'euphémisme (*cf. mon diplôme*), nous fera qualifier d'élevé. Mais le prix n'avait pas d'importance car avec lui, la raison d'État ressemblait à un suppositoire vaseliné, une pilule avalée sans peine… Les gêneurs disparaissaient, mouraient de mort plus ou moins naturelle, les immeubles s'écroulaient, les avions sautaient… Tout se réglait sans problème conséquatoire ! Le forfait incluait le service après-vente… C'était précieux. Dans l'affaire Elf, il avait joué le rôle du vilain troll et transformé les comptes de fées[2] en quête de fonds, du beau contrat avec du témoin mort, de la mort en rafale… Défenestrations et accidents de la route s'étaient

2. Je maintiens l'orthographe car ils font les bonzes amis.

succédé dans une ronde macabre ! Il avait joué, plus récemment, d'autres rôles tout aussi sinistres…

… *que la prudence ne m'autorise pas à révéler…*

… mais l'âge le rattrapait. Les réflexes devenaient moins bons, le cerveau réagissait moins vite, il allait devoir passer le flambeau, organiser la relève… Il devait le faire. L'*Opération Mozart* était sa dernière mission, son chant du cygne, son testament meurtrier ! Il fallait qu'il peaufine, qu'il termine en apothéose avec de la cerise sur le gâteau. La difficulté serait de gérer la situation avec son élève, la nouvelle recrue… pas lui qui l'avait choisi ! Ça l'embêtait, lui le loup solitaire, mais il le savait, il l'avait toujours su… Cela devait finir ainsi ! Depuis 1752, le *modus operandi* pour changer d'exécuteur était le même. Un peu comme chez les Béthune (les horaires de bourreau en moins)… Là, ce n'était pas de père en fils mais de frère en frère. Horus, son relais dans la confrérie du *Grand Désorienté*, l'avait chargé de faire l'éducation d'un certain Louxor… Il s'en acquitterait comme il se devait avant d'aller couler une retraite paisible dans une contrée ensoleillée du sud de la Bretagne. L'air du crime lui manquerait mais il aurait celui du grand large en compensation.

Osiris regarda sa montre… Jusqu'à présent, son plan se déroulaient plutôt bien. Il avait maintenu son programme sans anicroches, il était dans les temps, y'avait concordance. Il avait déposé le serpent dans la loge du précieux sans rencontrer de problème… On lui avait facilité l'accès comme convenu et comme d'habitude. Quand on jouait l'appel au mort à la trompette, il était bon d'avoir du piston. Il en avait.

Il venait d'arriver dans un café proche de la place de la Madeleine pour y rencontrer son nouvel acolyte. Il gagna directement le fond du bar sans acheter un billet de loterie et tenta de repérer son rendez-vous dans la fumée des joints estudiantins et le brouhaha des niaiseries estudiantines. Une des règles de l'homme de l'ombre était de se cacher dans la foule.

Osiris repéra rapidement un grand fil de fer tendu devant un verre de bière brune. Il était seul. Il flottait dans un trois pièces ridicule qui tentait de jouer l'élégance sans trop y parvenir. Devant lui, sur la table, étaient posées *Les confessions* de Rousseau, l'amateur de con fessé, l'abandonneur d'enfants, l'idole des jeunes barbes enseignantes... C'était le code de reconnaissance. Osiris traversa le fog et vint s'asseoir à côté de son futur élève. Il déposa le contrat social. L'autre afficha un sourire à rendre Fernandel maussade. C'était un blondinet du genre coquet avec Ray Ban et raie au milieu. Osiris trouva qu'il ressemblait à un tournesol qui a mal tourné et eut un mauvais pressentiment sur le bonhomme... Un type à tête de fleur ne pouvait pas lui inspirer confiance ! Sans doute une vague réaction de jalousie se dit-il, lucide. Ils se serrèrent une main confraternelle avec une légère pression du médius sur la paume adverse en guise de reconnaissance...

Je me suis toujours demandé comment se faisait la reconnaissance franc-maçonne entre un homme et une femme (chabadabada)... Y'a-il une histoire de médius à appliquer quelque part ?

Louxor n'en pouvait plus de sourire. Il dévisageait Osiris avec l'œil du fan extatique et aussi avec ostentation ; ses dents étaient longues et jaunes, les meilleures mais aussi les plus moches ; il avait un nez en trompette, un menton en corne de brume, des oreilles en pavillon de chasse et un front russe (froid et meurtrier). L'aspect plus discret mais également plus séducteur d'Osiris tranchait avec la gravelure de mode qu'il avait en face de lui.

– La femme est la pyramide de l'homme…

– Contrairement au chien !

Un mot de passe dont l'ésotérisme ne peut être révélé dans le présent ouvrage. Je peux dire beaucoup de choses mais pas tout...

Cette fois, la rencontre était officiellement opérée. Plus de retour en arrière possible, l'enquillage était en cours… Osiris en soupira.

– On m'a raconté vos exploits, lâcha-dans-un-souffle Louxor, j'adore ce que vous faites…

Sans un rictus de trop, l'homme d'expérience mit un doigt sur ses lèvres, signifiant par là qu'il requerrait un silence d'or… celui qui va bien avec le nombre de la même matière. Le dadais se figea, tout transe, il sentait qu'il se passait quelque chose, que le moment était historique, qu'il devait se faire oreille (c'était facile vu les abat-jour qu'il tenait d'un croisement entre un chou et une fleur).

Ne fréquentant que rarement les toilettes publiques, Osiris n'était pas un pédagogue mais il avait le sens de l'économie des mots. Il fit comprendre à son élève que la loi du secret était justement le secret de la réussite, qu'il devait se faire plus lisse qu'une corde, plus transparent qu'un acteur de sitcom et qu'il devait, à partir d'aujourd'hui, s'éclairer au néant… L'homme du néant total ! Voilà ce qu'il allait devoir devenir, un homme de l'ombre, sans aspérité, fluide, glissant, tout savonneux, imperméable au regard des autres, un homme de verre, un profil flou, un soldat inconnu, un électeur ! Il devrait donner aux autres l'illusion qu'il n'existait pas ! C'était la seule solution pour que son travail ne laisse aucune trace, aucun souvenir.

Si certains lecteurs ont l'impression que cette description ressemble à leur vie, je leur conseille deux solutions : soit la lecture intégrale de mes œuvres... C'est moins cher qu'une analyse chez le psy et beaucoup plus drôle ; soit une demande d'embauche comme bras armé d'une organisation secrète quelconque.

Le briefing dura deux bonnes heures pendant lesquelles Louxor essaya d'apprendre à ne plus être personne sur les conseils d'Osiris, qui était pourtant quelqu'un. Le tueur professionnel expliqua qu'il existait trois lieux symboliques dans Paris où se trouvaient des armes, des faux papiers, de l'argent...

Je n'ai pas encore l'info sur ces adresses mais mon informateur tâche de me prévenir avant la fin de ce livre... de haute qualité journalistique.

Les éléments de base passés en revue, le mentor attaqua le programme de la soirée : une petite visite incognito à l'opéra Garnier. Un petit tour en douceur sans casse, sans problème, du ficelé aux petits oignons, juste histoire de récupérer la marchandise qui pourrait fâcher.

– Quelle marchandise ? s'impatienta le néophyte plus pressé qu'un lecteur de romans policiers.

– Tu verras sur place.

Le jeunot se contenta de la réponse et de fermer sa g...

Les deux nouveaux acolytes, pour détendre l'atmosphère précédant cette première mission en duo, mangèrent sur le pouce (ce qui n'est pas simple), sortirent du bar toujours enfumé, et gagnèrent le quartier de l'opéra.

Le blondinet dépassait Osiris d'une bonne tête et demie ce qui donnait à l'équipage un aspect Siècle d'Or espagnol du type Cervantès. Intérieurement, le tueur maudit X, son correspondant du *Grand Désorienté*... Pourquoi avait-il choisi comme successeur un type aussi grand à l'air aussi con ?! Même avec la meilleure volonté du monde, ce gars-là aurait du mal à passer inaperçu. En plus, ses yeux à option divergente lui donnaient un air un peu hagard et quémandeur.

On devenait vraiment gâteux dans la famille trois points...

Osiris connaissait par cœur *La grande vadrouille,* le chef-d'œuvre de Gérard Oury, qu'il avait étudié sur son lecteur DVD, image par image ; aussi connaissait-il le moyen d'entrer dans l'opéra par les toits !

Avouez que c'est pratique quand un auteur de polar a de la culture. Vous me voyez faire une enquête auprès du cadastre pour connaître la topographie des lieux ? Je ne suis peut-être pas médecin mais je ne suis pas non plus géomètre ou architecte !

Nuitamment, discrètement et prudemment, les deux hommes s'infiltrèrent dans les soupentes de l'opéra Garnier. Ils se glissèrent comme deux anguilles à travers le dédale de couloirs sombres pour parvenir au premier étage. La lumière était tamisée juste histoire de laisser de la latitude oculaire aux gardiens de nuit... Les empêcheurs de mal faire. Osiris usa de toute l'efficacité de ses semelles de crêpe anti-couinantes qu'il avait achetées au centre commercial des 4 jeudis[3]. Petit détail professionnel qui faisait défaut à Louxor qui dut se déchausser... Cela n'arrangea pas l'humeur du pygmalion qui l'avait déjà bien dans le nez.

Le premier vrai problème que rencontra Osiris avec son apprenti salaud, ce fut la passion qu'il avait pour les arts en général et l'architecture en particulier...

3. La semelle des 4 jeudis est très réputée.

(en les arts ou lézard, Osiris voyait surtout son portefeuille) Louxor, lui, avait une certaine culture qu'il (s')appréciait et ne cessait de s'extasier sur la qualité des marbres blancs d'Italie, des rampes monumentales et cuivrées, des balustrades de griotte rouge, des lustres second Empire…

– Regardez, Osiris, ce limon vert de Suède, comme il est somptueux !

– Ce n'est pas le moment ! Viens !

Le jeune obtempéra en s'amusant d'une petite glissade sur le marbre qui réfléchissait plus que lui… Il avait également le sens de la facétie.

Déjà Osiris était à mi-chemin du grand escalier pour rejoindre la rotonde de l'étage inférieur quand l'impensable se réalisa, la chose qu'on ne voit qu'une fois dans sa vie quand on est un tueur professionnel, un raisonneur d'état, un *factotum* armé ! Osiris croyait avoir tout vu, tout entendu… Mais non ! Aux orties, les complots de salons ministériels, les coups d'État africains, les assassinats en chambre, les guérillas sauvages… exit ! Pourtant, il en avait buté, de l'officiel ! Il avait étouffé des scrupules, empoisonné la vie de ses parents, pendu des crémaillères, tué le temps, fait des enfants dans le dos, brûlé des politesses, foudroyé du regard, vitrifié des parquets … Rien ne devrait plus l'étonner ! Non, plus rien, surtout à une semaine de la retraite !

Mais là…

Louxor, à cheval sur la rampe d'escalier, se faisait une petite glissade à l'ancienne, façon cour de récré ! Il souriait, tout son attirail dentaire en extérieur, la langue à demi-sortie, toute jubilation dehors ! Encore heureux, il ne hurlait pas toute sa joie badine. En le voyant passer, à la vitesse d'un cheval au galop en pleine baie du Mont-Saint-Michel, toutes jambes écartées, Osiris eut comme une absence, un voile sur la cornée, une vision fugitive de sa binette avec un entonnoir sur le sommet du crâne… Rêvait-il ? Venait-il d'amorcer la première phase d'une dépression sérieuse ? Son croque-madame avait-il été farci aux champignons hallucinogènes ? Ou alors, la confrérie lui envoyait-elle une épreuve pour tester sa fidélité… Absurde ! Elle ne ferait pas une chose pareille. Non, c'était plus terrible que ça ! On lui avait refilé une roue crevée, un pistonné de premier niveau, un fils à papa, un dernier de la classe qu'on ne savait plus où mettre ! Seule explication plausible. Signe des temps ! Y'avait plus de compétence, que du jeune dynamiteur de carrière ! De la feignasse qui voulait palper gros sans travailler lourd ! Osiris fulminait en descendant l'escalier, en oubliant presque les premières mesures de prudence. Il agrippa le paltoquet au col de son costume anthracite et lui passa un charbon. Il en profita pour lui coller quelques marrons, histoire de lui apprendre les manières du grand monde interlope, lui apprendre que dans le Milieu, les raies sont au beurre noir, comme les yeux ! Lui faire savoir que le prix de la démence, c'est deux dents et une côte, minimum !

– Tu me refais un coup pareil et je te fais le coup du père Lachaise !

Paf !

– Mais Osiris…

– Y'a pas de mais ! Tu te crois où ?

Louxor fit une mine boudeuse, pleine de lippes affreuses qui le fit ressembler à un parterre de fleurs piétiné. Le mentor tendit un doigt menaçant…

– C'est la dernière fois ! chuchota-t-il avec un accent grave. Si tu veux devenir un *Osiris*, tu fais ce que je te dis ou tu caltes !

C'est à ce type de réplique que l'on sait que Osiris est un truand de la vieille génération avec du bagout à la Simonin ou à la Dard... Aujourd'hui, l'ordure de base n'argote plus, ne poétise plus de la langue... Mais j'ai beau faire des efforts, je ne n'arrive à trouver de lyrisme dans « Hey man ! T'es dead ! *» Conflit de générations.*

L'autre se fit infuser une petite tisane à la cause-toujours-tu-m'intéresses.

Interloqué, Osiris le regarda dans les yeux pendant quinze secondes... Pas de doute, c'était un nanti, un gamin qui se sentait soutenu par une force parentale, qui se contrefichait des blâmes... Avec des recrues pareilles, l'avenir n'était pas riche pour la confrérie. Maçon, trois petits points et puis s'en vont. Bon, pour l'heure, il avait d'autres chats à neuf queues à fouetter. Fallait continuer la progression vaille que vaille, ne pas déprimer. Il n'y avait aucune trace de gardiens... Les types devaient se dire que personne ne pouvait être assez fou pour venir voler le pot de chambre de Mozart (surtout ébreché) !

Le gamin semblait calmé. Les deux intrus gagnèrent la rotonde en jouant de la formation en quinconce (à ose tout). Arrivés dans la grande pièce circulaire où les piliers de marbre majestueux s'érigeaient vers un plafond plus beau encore, Osiris, par sécurité, se mit l'index sur la bouche (dans le sens de la hauteur, sinon c'est bête), faisant signe à son élève de ne pas s'extasier sur la beauté des encorbellements... Message reçu. Il avait enfin compris qui était le maître. Le centre de la pièce était occupé par une tente immense aux armoiries de la *Reed Exhibition*, l'organisateur philanthrope (je précise que c'est du second degré).

Un murmure venait de rompre l'éclat du silence.

J'aime bien ces phrases qui en imposent.

On parlait, deux hommes… des agents de sécurité sans doute, qui faisaient le gué (peut-être même les gays) devant l'entrée de la toile d'exposition à deux mille euros le mètre carré. Osiris sourit car il s'attendait exactement à cela… l'instinct du professionnel. Il sortit un cutter électrique à double lame renforcée et attaqua la toile par l'arrière. Avec la précision d'un chirurgien dermatologue, il opéra une ouverture en triangle et s'engouffra dans la salle d'exposition de fortune suivi de son complice et néanmoins disciple. La tente paraissait plus grande vue de l'intérieur ; elle était composée d'un certain nombre de meubles-vitrines dans lesquels reposaient les saintes reliques du grand compositeur ; les murs étaient décorés de nombreuses peintures, esquisses, sanguines, fusains, crayonnés, gravures qui tous évoquaient le parcours de Mozart. Osiris ne reconnut personne mais Louxor reconnut tout le monde : Léopold, son père, Constance, sa femme, Nannerl, sa sœur, Salieri, son concurrent, Haydn, son ami, Schikaneder, son frère de rite, Figaro, son chien, Aloysia, son premier amour, Joseph II, son roi… Tous les copains étaient là, qui semblaient rendre hommage au maître de Salzbourg. Osiris ne s'attarda pas en extase superfétatoire devant ces vieilleries sans intérêt et se mit en demeure (tout seul) de rechercher l'objet de sa venue : la partition de *La Flûte enchantée*, partition qui n'avait pas quitté les coffres de son propriétaire depuis plusieurs décennies.

– On cherche quoi ? s'enquit Louxor avec le ton mis en boîte.

– Ce machin-là !

– Ouah ! fit l'engeance qui avait fait hypokhâgne.

Ce machin là était le manuscrit autographe d'un des opéras les plus célèbres de l'art occidental, Notre-Dame-de-Paris de Victor Hugo et Richard Cocciante, excepté.

– Incroyable ! *Die Zauberflöte* !

Ce qui veut dire « flûte enchantée *» en allemand. Ne rigolez pas, tout le monde ne le sait pas ! Moi-même, avant de prendre mon dictionnaire des synonymes…*

La partition trônait dans une vitrine à hauteur d'homme. Osiris examina soigneusement l'emballage et détecta une grossière installation d'alarme… rien d'alarmant. Il se saisit de sa pince électrique tous matériaux à double isolation et coupa le jus d'un coup sec.

– Oh là, là ! *Die Zauberflöte* !

– Oui, bon, ça va !

– Pourquoi on vient chercher ce truc ? C'est incroyable !

Le tueur soupira.

– Nous ne sommes pas là pour nous poser ce genre de question. On exécute, c'est tout ! Nous sommes de simples exécutants ! Et si tu veux prendre le relais, tu m'observes, vu ?

– Vu.

Osiris passa ses mains gantées sur la surface du verre comme pour en percevoir toute la résistance et y colla son oreille.

– Vous entendez quelque chose ?

– Je sonde.

– L'oreille est hardie ! pouffa le jeune.

– Pardon ?

– Non, je disais *l'oreille est hardie*… *Laurel et Hardy*, c'est un jeu de mots.

Osiris s'arrêta un instant pour se prendre un grand bol de déconcertation parfumé à la berlue.

– Tu sors d'où, exactement ?

– J'ai fait l'ENA.

Certaines choses s'expliquaient.

Osiris extirpa de sa poche fourre-tout un peu de pâte à modeler qu'il appliqua sur la vitre et un compas télescopique électrique avec un diamant en guise de mine puis commença son minutieux travail de sape. En quelques secondes, la vitrine fut découpée et un large morceau de verre ôté. Il ne restait plus qu'à s'emparer de la partition.

– Et ça ne vous dérange pas ?

– Quoi encore ? se retourna Osiris, énervé.

– De ne jamais poser de question ? De faire simplement là où on vous dit de faire ? C'est frustrant, non ?

Si vous n'avez jamais vu L'emmerdeur *avec Ventura et Brel, c'est le moment de vous y mettre, ça vous donnera la tonalité.*

Le tueur lâcha son travail et agrippa de nouveau son morpion par la veste.

– Tu es venu m'éprouver, c'est ça ? Tu viens d'ailleurs ? Un *alien* ? T'as pas compris encore ? C'est grâce à un type comme moi que les choses avancent plus vite, que le progrès roule en train au lieu de marcher à pied ! Je suis la main de la bonne conscience, le bras séculier ! Je fais en sorte que la Loge ne rencontre pas de problème, c'est clair ? Je suis l'anti-grain de sable, le chasseur de mouche dans le lait ! Et c'est le rôle des *Osiris* depuis plus de deux siècles ! Alors si tu veux vraiment prendre le relais, tu te mets ça dans la bouilloire ! Les questions, c'est jamais bon parce qu'avec, il y a des réponses ! Et les réponses ça peut faire poser d'autres questions ! C'est très mauvais pour le métier. On te dit de voler, tu voles, on te dit de tuer, tu tues !

– Tutu ?!

– Tu…

Un éclair soudain qui pouvait ressembler à un sourire donna un peu de lumière sur le visage las et buriné d'Osiris. Il venait de comprendre…

C'était un con !

C'était dommage mais moins grave qu'il n'imaginait. Il ferait son rapport à Horus et ce dernier se débrouillerait avec l'animal.

Osiris glissa la main dans la vitrine, referma le manuscrit exposé et s'en saisit.

– À présent, on se tire !

Ils repartirent comme ils étaient venus… escalier, balcon, corridor, et se retrouvèrent sur le toit en moins de sept minutes. Cela avait été une affaire rondement menée malgré les incartades facétieuses de l'ahuri.

– Voilà le travail ! se satisfit Osiris, pas de bruit, pas de vagues, pas d'empreintes, pas de traces !

On le sentait soulagé.

– Pour ma prochaine et dernière mission, demain soir, je te laisse faire… C'est la règle.

– Une passation de pouvoir, en quelque sorte ?

– Exactement.

– Mais les temps changent, Osiris…

Voilà qu'il attaquait la philosophie de boudoir, à présent.

– Il y a du grand projet dans l'air ! Pour ne pas dire une vraie révolution… C'est dommage que votre prise de retraite tombe justement maintenant… La confrérie ne peut se permettre d'avoir un témoin… vous comprenez ?

Il n'avait que trop peur de comprendre, d'autant que le coquet à tête de fleur venait de sortir un calibre dévastateur avec silencieux en option.

– L'âge vous a rendu trop romantique… Moi, j'aurais tué les deux gardiens, pour ajouter une touche de gratuité ! J'ai été élevé au cinéma américain, vous savez, celui qui sulfate sans raison ! Enfin... *Ô tempora ô mores,* comme disait l'autre… La dynastie des Osiris a vécu, vive celle des Louxor !

– Ordure !

Osiris fit un bon en avant pour désarmer le traître.

Plop !

Un balle dans le genou.

Chute dans la douleur.

– X m'a chargé de vous transmettre ses amitiés.

Plop ! Plop !

– Le temps des Osiris n'est plus… Vive celui des Louxor !

Louxor récupéra le manuscrit de *La Flûte* et quitta les toits en sifflotant le grand air de la Reine de la Nuit… tellement de circonstance.

*

* *

5

N'OUBLIEZ PAS LA CÉDILLE !

Suitaume était à son bureau du Quai des Orfèvres, tout tracassin. Cette histoire de serpent à sornettes ne lui plaisait pas... Il trouvait ça bien compliqué pour tuer un homme. Une exécution d'accord, mais symbolique, fallait convenir. Quel genre de tueur pouvait bien se cacher derrière ce type d'assassinat ? Dans sa carrière, Suitaume en avait rencontré, des galeries de fondus, des mystiques du symbole, des nostalgiques du jeu de pistes, des faiseurs de messages hermétiques, des tagueurs sanguinaires, mais là, il sentait qu'il y avait quelque chose en plus (et pas un ours)...

Mais l'heure, hélas, n'était pas à l'heur... ni à la réflexion, mais à la démagogie, l'exercice le plus détestable pour Suitaume, lui, le chasseur solitaire de grands fauves, l'indépendant maladif, le détracteur de systèmes ! Hercule Comenvetu, le directeur principal de la PJ, son supérieur hiérarchique et super rieur policier, l'attendait dans son bureau pour le point sur la table !

Le commissaire prit son dossier, vide comme un car de CRS en tournée dans une banlieue enflammée, s'alourdit du livre de la correspondance de Mozart trouvé dans la chambre de Ruppett et gagna l'étage supérieur où il se perdit en conjectures diverses. À chaque fois qu'il croisait des collègues ou des subalternes, il avait droit à des sourires compassés (sans jeu de mots), des poignées de mains molles, des regards en biais, des murmures furtifs... Il était la proie des quolibets, des admirations excessives, des conversations de toilettes et des manchettes de journaux. En bref, il avait droit à ce respect alternatif que l'on ~~donne~~ prête souvent aux hommes que l'on ne comprend pas toujours.

Il frappa.

Un réflexe conditionné plus vieux que le chien de Pavlov fit répondre...

« Entrez ! »

Ce qu'il fit, vous pensez bien.

Hercule Comenvetu était assis à la seule place où il pouvait faire impression : son bureau. C'était un homme de taille courte pour ne pas dire petite, aux manières empruntées, pour ne pas dire volées, aux compétences relatives, pour ne pas dire nulles, et aux idées reçues, pour ne pas dire recommandées. Hercule Comenvetu était un homme de pouvoir, un homme qui portait le sentiment démocrate en bandoulière comme d'autres des cartouchières... Il ne mettait rien au-dessus de la hiérarchie républicaine qui lui apportait toute la latitude que lui refusaient ses propres talents. Attitude politique qui le faisait détester de Suitaume qui nourrissait des vieilles idées royalo-anarco-déconnantes, un électron libre sur lequel glissaient toutes formes de menaces... un bloc monolithique sans aspérités et sans faiblesses particulières, un incorruptible de cœur et d'esprit, de corps et de prix !

Hélas, pour le bel Hercule, Suitaume était le meilleur policier de sa génération, celui par lequel la sanie de la société ne passait pas ! Le filtre à déjections, le chinois anti-pékin salisseur, le paravent du crime organisé et désorganisé, l'ultime bouclier contre la machine à fabriquer des salauds : la société moderne !

– 'jour, S'taume ! Alors l'enquête ? Z'en êtes où ?

– Plutôt au début.

– Ça piétine ?

– Pas encore.

Le supérieur planta ses deux yeux bleu vif dans ceux de son inférieur, plus noirs, plus en adéquation avec la réalité des choses de la vie.

– C'est une affaire délicate, Suitaume... J'espère que vous êtes bien l'homme d'une telle situation ?

– Vous pouvez mettre Navarro sur l'affaire, si vous préférez.

– Non, c'est une tête de mulets !

– Julie Lescaut ? tenta le profileur, bien qu'il pensait que là où il y a de la Genest y'a pas de plaisir.

– Trop de problèmes familiaux.

Suitaume songea qu'il n'en était pas exempt lui-même. Association d'idées qui lui fit voir en un éclair d'horreur le diadème à pétards lumineux de sa sœur...

– Cordier ? s'évada-t-il.

– Avec son connard de fils avocat ? Certainement pas ! Pourquoi pas l'instit, le tuteur ou Joséphine ange gardien, pendant que vous y êtes ? Z'êtes pas bien réveillé, Suitaume ?!

Notez que moi non plus... Je ne sais pas ce qui m'a pris. Je reviens à mon sujet.

– Parce que quand même, continua le gnome du Quai, avouez qu'être piqué par un serpent à venin hallucinogène... ce n'est pas sérieux !

– Ce qu'il y a de plus sérieux au contraire… Et la thèse de l'aspic domestique est à écarter car le vivarium du Jardin des Plantes vient de confirmer le vol de leur seul spécimen ! C'est donc bien une main criminelle qui a déposé le serpent chez Ruppett ! Et pour prendre autant de risque pour un simple assassinat, il faut que le tueur ait une raison solide !

Comenvetu se leva. Il paraissait encore plus petit debout. Il luttait contre sa déficience physique avec une surenchère de coquetterie qui lui faisait jouer l'extravagance. L'audace de ce matin-là était un costume trois pièces à gros carreaux noir et blanc qui le faisait ressembler à une partie de dames en trois dimensions. Il y avait de la parabole dans un tel accoutrement, lui qui aimait tant pousser les pions de son échiquier policier.

– Si vous voulez mon avis, sa raison est tout sauf solide !

Voilà qu'il faisait aussi du jeu de mots, le nain.

– Les dingues, Suitaume, ça vous connaît ! Que peut-il se cacher derrière une telle préméditation.

Suitaume tendit le recueil de correspondances de Mozart trouvé dans la loge (pardon) de Ruppett.

– Je pense qu'un bout de solution peut se trouver là-dedans.

– Les mémoires de Mozart ?

– Ses lettres ! Regardez à partir de l'année 1784…

Hercule Comenvetu feuilleta en diagonal, comme un fou.

– C'est stabiloté, d'accord, vous en concluez quoi ?

– Tous les passages soulignés font référence à la franc-maçonnerie et…

– STOP !

L'autre venait de s'ébouriffer tout seul. Il passait du blanc au rouge comme un clignotant de signalisation de travaux routiers en pleine agglomération juste après le vote des budgets d'une mairie communiste.

– Stop ! Qu'est-ce que vous allez encore me sortir là, Suitaume ?! La franc-maçonnerie à présent ! Je vous vois venir avec vos poulaines et votre perruque... Vous n'allez pas encore me jouer l'air du complot occulte ? Je connais la partition, mon vieux... Un de ces jours, vous allez finir au carrefour de l'Odéon !

– Je peux continuer ? posa calmement Suitaume, qui connaissait par cœur les errances intellectuelles de son supérieur.

– Sur ce chemin ? Certainement pas !

– Que vous le vouliez ou non, Rupert Von Ruppett, dans les dernières heures de sa vie, lisait les correspondances de Mozart et en soulignait les passages liés à son appartenance à la maçonnerie ! Le profileur que je suis se doit de se demander s'il n'y a pas là un rapport de cause à effet ! D'autant qu'il y a cette phrase curieuse gribouillée à la fin du livre...

– Quelle phrase ?

– « *Mozart n'a pas digéré son secret !* »

– Ça ne veut pas dire grand chose...

– ...ou ça veut tout dire.

Hercule Comenvetu amorça un va-et-vient avec les mains dans le dos et les doigts papillotants. Il se retourna soudain vers Suitaume...

– Vous savez que la franc-maçonnerie a toujours contribué au progrès social !

– Un, c'est vous qui le dites, deux, je ne vois pas le rapport.

Suitaume sentait son supérieur hésitant.

– Je ne veux pas que vous impliquiez cette noble

institution dans une affaire de meurtre !

– Même si c'est vrai ?

– Cela ne l'est pas !

– Qu'en savez-vous ?

Geste évasif en guise de réponse idoine.

– Ces marques sur la correspondance, reprit Comenvetu, indique que Ruppett s'intéressait à l'histoire de la maçonnerie… et alors ? C'est normal… Il en faisait partie !

Étonnement et interloquage chez Suitaume.

– D'où tenez-vous cette information ?

Le bel Hercule s'approcha de la fenêtre de son bureau pour donner un bel éclairage à son visage poupin dont il était néanmoins fier.

– Nous faisions partie de la même loge !

Je saute une ligne qui correspond au blanc qui s'installa dans la conversation car je pratique la narration littéraire en trois dimensions.

Avouons que pour une nouvelle, c'était une nouvelle. Hercule Comenvetu, commissaire principal du Quai des Orfèvres, homme d'une certaine influence s'il en est (et justement, il en était comme vous l'allez voir), était membre (voyez) de la grande maison des frères trois points… Voilà qui laissa perplexe Suitaume qui avait un sentiment extrêmement partagé (*euphémisme, voir plus haut*) de la cause tablière, des raconteurs de secrets, des fomentateurs en chambre, des concepteurs d'idées neuves sur le dos des vieilles nations ! Suitaume, l'ami du peuple, des sans-grade, des 1984d'orwellés, des victimes de la médiacratie médiocrate, bref, l'oreille des oubliés, voyait d'un mauvais œil les testeurs de politique clandestine, les frères logés à la même enseigne, celle de l'influence ! Les grandes causes discutées loin des intéressés, dans les profondeurs de salles impénétrables lui paraissaient douteuses, pour ne pas dire coupables ! Le pouvoir des penseurs du bien-vivre des autres ne correspondait pas à sa philosophie de l'homme libre et bien libre !

– Ce que vous me dites là est bien intéressant, monsieur le principal et apporte de l'eau bénite au moulin de mon sentiment !

Comme les marins, Suitaume aimait les phrases.

– Vous allez pouvoir faciliter mon enquête au sein de la loge...

Comenvetu, qui globulait naturellement des yeux, était en véritable état d'exorbitation.

– Certainement pas ! Impliquer la franc-maçonnerie dans une telle affaire pourrait avoir des conséquences terribles dont vous ne mesurez pas la portée, Suitaume !

C'est un thriller musical, ne l'oubliez pas !

– Je n'implique pas, je subodore, répliqua le profileur.

– Et bien cessez ce genre de subo... subodorités ! Allez plutôt chercher du côté des charmeurs de serpents, ou des extrémistes de gauche autrichiens !

– Ce n'est certainement pas un crime politique ! Cette mascarade de meurtre, cette théâtralisation de l'assassinat est le fruit d'une exécution exemplaire ! Cette mort est une punition !

– C'est ridicule ! En ce qui concerne la loge, oubliez toute idée d'investigation !

– Seriez-vous en train d'essayer d'user d'influence, monsieur le Principal ?

– Quelle idée ? Je vous fais gagner du temps, voilà tout. La franc-maçonnerie n'a pas pour habitude d'éliminer ses membres pour d'obscures raisons !

– Les raisons n'étaient peut-être pas obscures, en l'occurrence !

– Oh ! Votre humour à la Philippe le Bel, vous pouvez vous le garder, Suitaume. Je connais votre aversion pour les Lumières, les philosophes, les libres-penseurs, mais sans eux…

– Napoléon aurait épargné un million de Français ! Je ne vous le fais pas dire.

Hercule Comenvetu, qui était sur le point de s'enfoncer dans un marais sans fond fut sauvé, non par le gong, mais par la sonnerie du téléphone.

– Allo ? Oui ? Où ? Ah ? Hein ? Non ? Ok !

Le principal avait fait *Lettres.*

– On vient de trouver un cadavre sur le toit de l'opéra Garnier !

– Décidemment.

– Et la partition originale de *La Flûte enchantée* vient d'être volée !

– Tiens donc !

Comenvetu avait l'œil goguenard… ce qui n'était pas très joli.

– Vous croyez toujours au complot maçonnique ?

– De plus en plus !

– Vous vous fichez le doigt dans l'œil, Suitaume !

– Ce n'est pas le doigt que j'ai dans l'œil, c'est le compas !

Avouez que pour clore ce chapitre, les trois points s'imposent…

*
* *

6

Vasistas à la française

Suitaume sortit un peu las du bureau d'Hercule Comenvetu mais parfaitement assuré d'être sur la bonne voie de la raison. Un lien mystérieux reliait la mort de Ruppett Von Rupert à la maçonnerie !

Il regagna son bureau plus songeur que Lysandre dans une nuit d'été et ne fit pas attention à tous les regards en coin lancés sur son passage par une horde de policiers allant du fan extatique au jaloux ressasseur.

Une double surprise l'attendait dans son bureau, une bonne et une mauvaise... La bonne s'appelait Constipacion Delarerion et faisait le ménage, la mauvaise était une lettre qu'un coursier alezan[4] (car boutonneux) venait de déposer sur sa table de travail. Elle n'était pas timbrée, contrairement à son auteur, comme vous l'allez constater.

J'aime bien cette antique tournure qui montre que derrière l'auteur de thriller, un peu frustre, et le calembouriste, un peu gras, se cache de l'auteur courtois.

4. Je rappelle à tous les allergiques du dictionnaire qu'alezan signifie rouge brun.

Suitaume ne s'occupa pas de la bonne qui n'avait aucun intérêt policier (ni féminin, d'ailleurs) et observa rapidement la missive, la pesant, l'humant, la tâtant, la tatillant, la retournant... puis la décacheta. Le papier de la lettre était jaune, épais et offrait une apparence parcheminée. C'était une lettre à en-tête... Voyez plutôt :

Votre avenir est devant vous !
N'hésitez pas à prendre de l'avance !

Irma Bienrgardais
69, rue Süssmayer, Paris 7
Cartomancie en tout genre
Boule de cristal dark,
Marre du café,
Tarots gorille,
Entrailles de poissons,
numérologie (de CB),
écriture automatique,
fond de l'oeil...

« *Monsieur le commissaire Suitaume,*

J'ai d'importantes révélations à vous faire au sujet d'un crime commis voici plusieurs années et qui n'a pas été puni ! La victime vient de frapper à ma table et demande justice !

Je suis consciente de l'incongru de cette lettre mais voilà plusieurs jours que l'esprit me harcèle, me hante... Je vous en conjure, venez me voir !

L'esprit dit s'appeler Mozart et accuse la franc-maçonnerie de l'avoir empoisonné !

Irma Bienrgardais,
La voyance à votre écoute »

En attendant le coupable, Suitaume accusa le coup. Une nouvelle coïncidence ? Un pragmatique qui avait eu vent de la mort de Ruppett et qui voulait se faire de la publicité gratuite ? Une folle ? Quoi qu'il en fût, comme à chaque début d'enquête, aucune piste ne devait être négligée. Il allait envoyer Purdey chez l'Irma en question tandis qu'il se rendrait à l'opéra Garnier. Son assistante avait le chic pour tirer les vers du nez des femmes (Cyrano était un enfant de cœur à côté d'elle), elle pratiquait l'osmose avec talent, savait se caméléoniser, se fondre, s'adapter. Y songeant, Suitaume en profita pour s'étendre sur un lit de souvenirs qui montrait une jeune Purdey sous son meilleur jour... Cette égérie du genre masculin possédait tout l'arsenal de la machine à fantasmes ! Du callipyge de statue romaine, de la poumonerie de plongeur par grand fond, de l'œil en forme de lacs de haute montagne, une cascade de cheveux noirs à faire passer les chutes du Niagara pour une fuite de robinet et une chute de reins à inspirer un nouveau Wagner ! Malgré ces vertus physiques, que seules égalaient ses vertus morales, Purdey Prune était intransigeante sur le respect qu'on lui devait... et Suitaume avait du respect à revendre ! Aussi, ce que Platon gagnait en émule, le marquis Sade le perdait en disciple !

En d'autres termes, leur relation était plus du ressort des images d'Épinal que des images des pines anales.

C'est pas très chic mais ça défoule !

Celle dont l'auteur (*moi*) vient de faire le panégyrique entra comme une bise de printemps, fraîche et odorifante, fleurie et ébouriffante. Elle tombait mieux qu'un cascadeur de chez Spielberg.

– Purdey, ma douce, vous tombez bien...

Je vous disais.

Il l'instruisit rapidement des nouvelles salissures criminelles de la nuit, de sa conversation avec Comenvetu et lui tendit la lettre de Madame Irma. Purdey la parcourut rapidement en faisant des petits hochements de tête qui déclenchèrent à Suitaume un Maelstrom du côté pelvien.

– C'est amusant, commissaire, mais vous croyez que...

Il sourit car il n'était pas rat d'un peu de chaleur animale.

– Vous savez ce que je pense des coïncidences, ma mie... On est sur le point d'exécuter *La Flûte enchantée* de Mozart à l'opéra Bastille, on exécute à coup de serpent le chef d'orchestre affilié à la franc-maçonnerie, on retrouve un second mort à l'opéra Garnier, on vole la partition de *La Flûte* et je reçois une lettre d'une Marie Yoyotte à qui Mozart téléphone de l'au-delà en accusant ses frères de loge ! Avouez que c'est un peu gros !

En tant qu'auteur, je l'avoue et m'en excuse.

– Aussi, vous demanderais-je de passer voir cette voyante qui ne passe pas inaperçue et arrangez-vous pour qu'elle se mette à table ! Et que ça tourne ! acheva-t-il comme d'autres dirait « et que ça saute ! »

Purdey n'était pas du genre à perdre son temps, aussi mit elle aussitôt les bouts.

Suitaume trouva qu'elle les mettait avec une certaine grâce, ce qui, une fois de plus, le laissa songeur. Il revint à la réalité et se rendit à l'opéra Garnier.

Une agitation sans précédent régnait sur les toits de l'opéra Garnier arrosés de soleil. La matinée était déjà prometteuse d'une belle journée printanière. Le commissaire arriva porteur de sa simple élégance de gentleman farmer. Les bleus avaient délimité le périmètre avec le ruban à délimiter le périmètre. Au centre, dans une position un peu grotesque, un homme était franchement mort.

– Deux balles au cœur, commissaire, c'est du travail de professionnel !

C'était l'officier de police Achille Pendule qui venait de parler d'une voix grave de stentor. Il faisait partie de la garde rapprochée de Suitaume avec son acolyte Habib Lioteck, un petit freluquet idéologue que Pendule s'amusait à appeler le Beur salé.

– Qui a découvert le corps ?

– Igor Lacouilloff, s'empressa Lioteck, pour damer le pion à son collègue…

– Le danseur étoile ?

– Lui-même, en compagnie d'un de ses élèves… Vous voulez les interroger ?

– Cela s'impose.

Lioteck disparut.

Suitaume escalada le ruban et vint s'agenouiller près du cadavre. L'homme devait avoir la soixantaine. Pas très grand mais un certain soin dans la tenue, pour ne pas dire une certaine coquetterie. Les yeux ouverts étaient clairs et exprimaient encore la surprise. À l'évidence, sa mort l'avait surpris, tout du moins son meurtrier.

– On l'a identifié ?

Bon, caftez pas derrière ! Vous, vous savez qu'il s'agit d'Osiris, l'ex-bras armé du Grand Désorienté, *mais laissez faire la police… Y 'a enquête !*

– Oui, se glorifia l'inspecteur Pendule, grâce à ses empreintes car il n'avait aucun papier sur lui. Il s'agit de Roland Simpéyais, un citoyen sans histoires, huissier de son état.

– Il s'occupait des histoires des autres ?

– Pardon ?

Inutile de renchérir.

– Casier judiciaire vierge, continua Pendule, demeure au 35, boulevard Haussmann, célibataire, sans enfant. Une vie sans problèmes.

– Avec suffisamment de problèmes pour finir avec deux balles dans le cœur ! compléta Suitaume qui aimait les situations claires.

L'autre hocha.

Le commissaire fouilla les poches. Vides. Que pouvait bien faire un huissier sur le toit de l'opéra ? Ce n'était pas un endroit tellement banal pour venir s'y faire assassiner ! Sa mort avait forcément un rapport direct avec le vol de la partition, mais lequel ? Encore une affaire qui s'annonçait gouleyante…

Suitaume sortit du périmètre et alla arpenter le toit, observant le sol, cherchant les indices que les bleus auraient, par inadvertance, oublié de piétiner. Il ne tarda pas à découvrir la preuve de ce qu'il pensait intuitivement : une fine cordelette à nœuds et la trace du passage de deux hommes !

Je vous rappelle qu'un profileur, profiler *en américain, c'est quelqu'un qui avec la cendre d'un poil de fesse peut retrouver le constructeur du fer à friser. Une sorte de Sherlock Holmes moderne et vrai.*

Vraisemblablement, les deux hommes étaient venus pour dérober le manuscrit de *La Flûte* et, dispute ou règlement de comptes, l'un des deux affreux avait occis l'autre… Une première explication plausible.

Les réflexions de Suitaume furent interrompues par le retour d'Habib Lioteck accompagné d'un type de deux mètres : Igor Lacouilloff. Le danseur était aussi fin qu'Harry Cover mais doté d'une musculature impressionnante que moulait son justaucorps... qui ne moulait pas que ça, d'ailleurs. Suitaume eut du mal à réprimer un sourire en voyant l'entrejambe... Il avait toujours trouvé ces prothèses pelviennes affreuses ! Horrible, cette proéminence aguicheuse qui donnait une impression trompeuses des parties en présences ! Enflures insoutenables !

Lacouilloff avait le visage impavide de l'homme de l'Est, habitué à attendre la question[5] avant de répondre. Visage carré, mâchoire carrée, le cheveu blond et fin coupé au carré avec mèche frontale, joues creuses, lèvres fines légèrement cruelles, l'œil noir et sibérien. Sa haute stature de statue grecque en dissimulait une autre, plus courte sur pattes. Un autre danseur. On aurait dit sa réplique, son clone, mais en plus petit... On avait l'impression qu'on lui avait collé un modèle réduit aux fesses...

... Et non un modèle, réduit aux fesses ! Comme quoi une virgule mal placée peut aller de paire avec un esprit mal placé.

Suitaume s'adressa à Lacouilloff.

– Bonjour. Commissaire Suitaume. À quelle heure avez-vous découvert le corps ?... Je parle de celui de la victime, précisa le commissaire en jetant un œil sans aménité au coquet miniature.

– Verrrs huit heurrres, ce matin.

Les « r » en trop, c'est pour dire qu'il a l'accent russe. Je ne sais pas si c'est très clair, c'est pour ça que je vous préviens.

– Que veniez-vous faire sur le toit ?

Un ange passa et le Russe le regarda avec appétit.

– Prrrendrrre l'airrr.

– L'herr ? C'est le nom de votre ami ?

5. La question : procédé douloureux inventé il y a très longtemps pour tirer des aveux aux prisonniers peu loquaces.

Le danseur ne goûta pas toute la saveur de la réplique pince-sans-rire du policier et ne répondit pas. Suitaume, qui connaissait par cœur *La vie des bêtes* de Frédéric Rossif n'insista pas sur le terrain glissant et décadent des mœurs.

– En arrivant, vous n'avez rien remarqué de particulier ?

– Le morrrt.

– D'accord, mais à part le mort, soupira Suitaume.

– Non.

– Votre ami non plus ?

– Non. Pas ami, élève.

Passons sur les problèmes de déontologie professorale.

– Vous connaissez la victime ?

Un réflexe naturel lui fit regarder le corps.

– Non.

– Par où êtes vous passés ?

– Parrr la frrrontièrrre lituanienne, en 1992…

– Je parle de ce matin.

Étant de bonne constitution, le Russe ne se démonta pas.

– Parrr lucarrrne, seul endrrroit possible.

– Elle était donc ouverte ?

– Non.

– Comment ça, non ?

– Comme non !

Pour le faiseur de roman en herbe, sachez que cela s'appelle du remplissage. Souvent l'éditeur n'y voit que du feu et le livre est fini plus vite. N'en abusez qu'en cas d'extrême limite.

– Lucarrrne ferrrmée avec verrou.

– De l'intérieur ?

– De l'intérrrieur.

– Quelqu'un avant vous aurait-il pu la fermer ?

– Pas possible, j'avoir clé de porrrte couloirrr.

Suitaume regarda ses deux sbires, cherchant dans leur regard une réponse qu'il ne trouva jamais... un peu comme David Vincent avec son chemin (les OVNI en moins).

– Ça ne colle pas !

Toutes les oreilles alentour étaient à l'écoute. Le pouvoir de déduction de Suitaume était réputé et les témoins de ses analyses avaient un peu l'impression de faire partie de la grande histoire des affaires criminelles.

– Deux hommes sont arrivés par l'aile ouest en escaladant la façade à l'aide d'une corde, ils sont rentrés par la lucarne qui était ouverte puisqu'on ne constate aucune fracture... Ils ont commis leur forfait à l'œil et à la barbe des gardiens et sont remontés jusque sur le toit.

L'assemblée semblait d'accord.

– Là, pour une raison que j'ignore, le type est tué par son complice. Que fait le complice ?

– Il s'enfuit ! cria Lioteck en levant le doigt comme pour aller au tableau... d'avancement.

– Par où ?

– Par où il est venu, acheva Achille Pendule.

Silence, celui dont se délectent les mouches.

– Alors, qui a refermé la lucarne ?!

C'était une bonne question qui laissa tout l'aréopage sur le carreau de l'hébétude.

Oui, qui avait pu refermer la lucarne ?

Cela supposait que le meurtrier était reparti par l'intérieur. Alors pourquoi être remonté sur le toit ? Suitaume avait la sensation que le meurtre du complice avait été prémédité... Une nouvelle exécution ? Comme celle de Rupert Von Ruppett ?

– C'est forcément le tueur qui est revenu sur ses pas, commissaire, assura Habib Lioteck, et qui a fermé la lucarne…

– Dans ce cas, il n'aurait pas laissé la corde à nœuds…

…*qui en possède autant que cette histoire.*

– Non, je crois plutôt, continua le profileur, que le criminel est reparti par les toits et qu'un tiers a fermé de l'intérieur.

– Une autre complicité ?

– Oui, comme il y en a eu aussi pour le meurtre de l'opéra Bastille ! Nous avons affaire à de l'orchestré solide, du cousu main occulte…

Suitaume se tourna vers Igor Lacouilloff qui restait au garde-à-vous à la vue du garde.

– Vous travaillez sur quoi en ce moment ?

– Bayadèrrre de Minkus.

Une crème du ballet franco-russe.

– Vous aimez ?

– Passion du ballet m'habite…

Il ne mesurait pas toutes les subtilités de la langue gauloise, ce grand Russe des steppes. Ce début de conversation qui promettait d'être à la pointe de la culture musicale occidentalorientale fut interrompu par l'arrivée inopinée et néanmoins impromptue d'une mouche dans le lait. Cette mouche mesurait un mètre quarante-huit, portait des semelles compensées pour compenser, un costume gris ridicule, une paire de lunettes en écailles de poisson et s'appelait Klaus Zedor : c'était le gérant de l'opéra Garnier. Dans le couloir qui donnait sur le vasistas[6], l'homme vitupérait, hurlant au scandale et scandant à la police !

– Mais que fait la police ?!

Suitaume descendit par l'échelle pour rejoindre le

6. En français dans le texte.

vitupérant.

– La police est là, monsieur, et elle fait son travail ! Qui êtes vous ?

– Klaus Zedor, directeur de l'opéra ! Laissez-moi vous dire que je suis furieux !

Le policier le laissa dire.

– En trente ans de carrière, c'est la première fois qu'une chose pareille arrive ! Vous allez me retrouver ces saligauds au grand galop !

– Calmez-vous, monsieur, je ne fais pas partie de la police montée.

– Je me calmerai si je veux ! Vous ne vous rendez pas compte ! On a volé la partition autographe de *La Flûte enchantée*, cela ne vous dit rien ! La partition originale, prêtée par la prestigieuse Zelda Holderpüp ! Je suis au bord du déshonneur, monsieur le policier… et la France avec moi !

Il n'était pas grand mais il avait de l'ambition, le roquet. Suitaume gardait son calme olympien.

– Pourriez-vous me conduite jusqu'au lieu du larcin, cher monsieur Zedor ? demanda-t-il avec un sourire à rendre la poignée de Montoire sympathique, et en chemin, vous en profiterez pour me raconter qui est cette charmante Zelda Holderpüp.

Politesse, fermeté, efficacité, les trois mamelles auxquelles s'abreuvait Suitaume. L'autre se laissa boucher un coin sans résistance.

– Enfin, cher commissaire, l'héritière Holderpüp…

– Les chevaliers d'industrie ?

– La viennoiserie ! Oskar Holderpüp, l'inventeur de la brioche, l'arrière grand-oncle par alliance de Marie-Antoinette !

Par cette nouvelle extraordinaire, que même l'érudit Guillaume Suitaume ne connaissait pas, nous soulevons (enfin, moi) un délicat point de l'Histoire de France. Tout le monde se souvient de cette phrase célèbre prononcée par la femme de Louis XVI lorsque le peuple vint réclamer du pain à Versailles : « S'ils n'ont pas de pain qu'ils mangent de la brioche ! » Avec le fameux « l'État c'est moi » du grand 14, cette sentence fit le bonheur des instituteurs républicains qui purent enfoncer un peu plus le clou démocrate dans la vieille planche vermoulue de l'aristocratie déclinante. Pourtant cette phrase n'a jamais été réellement comprise ! Il s'agissait en fait d'une simple réclame pour l'invention de son arrière grand-oncle par alliance. Y'a pas de petit profit ! Mais je suis désolé, l'esprit de famille, c'est pas critiquable !

C'est avec de tels contresens que s'écrit l'Histoire des hommes.

– Une immense fortune, continua Klaus Zedor, avec une pointe de jalousie dans la voix.

Après quelques couloirs et escaliers, arpentés et descendus, les deux hommes arrivèrent dans la grande salle circulaire. Le directeur fit les honneurs de la tente Paris-expo à Suitaume. Le policier ne prit guère d'intérêt à l'observation méticuleuse du pot de chambre fissuré et s'intéressa directement à la vitrine au manuscrit. Il constata en silence la qualité du travail des deux lupins tandis que Klaus Zedor, tout à sa logorrhée maladive et acerbe, se répandait sur le talent surfait de Mozart…

– ... qu'on a beaucoup exagéré, vous ne trouvez pas ?

Suitaume ne l'écoutait pas.

– À quelle heure, l'effraction ?

– … les concertos, vous me direz, mais enfin, c'est toujours un peu pareil, et les symphonies, c'est pire, on dirait des concertos où il manque le piano ou le violon ! Vers une heure du matin, pour répondre à votre question… Tenez, les opéras, je ne dis pas, encore que une fois enlevées *La Flûte* et *Les Noces*, il ne reste plus grand chose !

– Les gardiens n'ont absolument rien entendu ?

- Non, rien... D'ailleurs, Mozart n'a quasiment pas écrit de ballets intéressants ! Et moi, je suis plutôt amateur de ballets, vous l'avez compris ?

Suitaume commençait à avoir la cocotte sous vapeur avec l'olibrius... Il venait de comprendre d'où venait l'expression « *c... comme un manche à ballet* ! »

Je dis pas le mot entier parce que je trouve ça plus joli... et puis y'a les enfants.

– Auriez-vous des soupçons sur les auteurs de ce vol ? continua Suitaume.

Le nain arrêta sa diatribe anti-génie et regarda Suitaume avec des yeux de chien policier battu par un étudiant dans une manif.

– Quelle idée ? Vous me prenez pour qui ?

La réponse à laquelle songeait Suitaume ne lui aurait pas plu, aussi s'abstint-il de la lui donner.

– Je ne fréquente pas les milieux interlopes, s'énerva Zedor.

Ce n'était pas toujours les pires, il en fréquentait peut-être d'autres.

– Quel genre de personne serait-elle susceptible de s'intéresser à une partition de ce type ? C'est invendable !

– Un collectionneur, peut-être ?

– Ils ne doivent pas être nombreux à pouvoir orchestrer un pareil forfait...

Suitaume n'apprendrait rien de plus sur place. Le tueur mélomane avait bénéficié d'une complicité interne, il en était certain. Restait à savoir quelle bande de « pas jolis », propriétaires de grosses clefs, était en train de terroriser le milieu musical... Il ne serait pas inintéressant d'interroger la vieille rombière, propriétaire de la partition, elle aurait peut-être une idée…

– Zelda Holderpüp vit-elle en Autriche ?

– Pas du tout, répliqua le mini, elle vit à Paris dans son hôtel particulier du Marais. Mais comment lui annoncer cette nouvelle odieuse ? réagit-il soudain, revenant à la dure réalité de ses responsabilités, elle va en mourir, cette malheureuse !

– Ne vous tracassez pas, monsieur Zedor, rassura Suitaume, je m'en occuperai moi-même, j'ai une certaine habitude, hélas, de la peine d'autrui.

Les épaules du directeur eurent l'air de s'alourdir un peu plus.

– Je ne sais pas si c'est une bonne idée de la prévenir maintenant… Elle est plutôt fragile, vous savez.

– N'ayez crainte, je mettrai les formes.

Suitaume salua, fit mine de partir et se retourna, une idée accrochée au bout du doigt (il avait l'intégrale de Colombo en DVD).

– Juste une dernière question pendant que j'y pense, monsieur Zedor… Vous ne seriez pas franc-maçon, par hasard ?

L'interpellé, ébahi total, montra sa luette.

La luette, gentille la luette, la luette je te… pardon ! C'est mon côté musicologue qui reprend le dessus.

– Non, répondit-il, la tronche en équerre, pourquoi ?

– …

C'est pas mal comme réponse, non ? Je vous avais prévenus que c'était du roman secret avec du rituel, du mystère et plein de degrés…

*
* *

7

À UN POIL DE L'OCCULTE

Purdey réussit à garer son Austin rose entre un 4x4 Seize et une Méhari bosselée, faisant un créneau impeccable car personne ne lui avait fait le coup des trente centimètres. D'un pas alerte, elle s'empara de la rue Süssmayer plus vide qu'un dessert sans chocolat et gagna le 69...

Ce qui n'est pas une mince victoire, croyez-en mon expérience.

Surprise !

Le 69 était un magasin de pompes funèbres…

Admettez que c'est cocasse et qu'un autre que moi userait de cette coïncidence avec une délectation salace… Pas mon genre.

Purdey entra dans l'échoppe de bières.

Je ne voudrais pas me faire mousser mais cette plaisanterie est d'assez belle facture… Allez, en avant Stout !

Une femme blonde qui vivait dans les parages des quarante-cinq ans était perchée au sommet d'une vieille caisse enregistreuse et semblait absorbée dans le calcul de comptes savants. Elle était maquillée comme une pierre tombale rénovée mais n'avait sans doute pas la même tenue que le marbre. Elle ne leva même pas la tête à l'entrée de Purdey. Celle-ci, se racla fortement la gorge, la forçant à s'intéresser à son entourage. La pompeuse funébrée leva une tête au visage amorphe avec du mou à tous les coins ; le regard avait tout du poisson rouge... Il essayait de percer comme un pâle soleil d'hiver derrière un rideau de brume. Elle devait essayer la symbiose avec ses clients comme certains essayent le yoga.

– C'est pour quoi ?

– Je cherche à connaître l'avenir…

Le rideau de fer qui servait de paupière à la tenancière se releva un peu.

– Ici, on enterre plutôt le passé, vous savez.

– Je m'étais laissée dire qu'Irma Bienrgardais travaillait ici ? C'est vous, peut-être ?

L'amie des morts fit tressauter ses chairs molles dans un fou rire nerveux qui la rendit presque vivante. Le desserrage du faciès fit voler la poudre de riz en un petit nuage de poussière rose… Elle toussota.

– Oh ! Excusez-moi… Mais non, je ne suis pas celle que vous croyez. Vous trouverez Irma au fond de la cour.

Le malheur des autres est-il contagieux ?

Elle indiqua un couloir sombre qui se perdait dans l'arrière-boutique puis se replongea dans l'étude attentive de ses chiffres, reprenant une tête de mauvaise circonstance, sa tête des mauvais jours des autres. Purdey Prune prit la réponse pour une invitation et s'engouffra dans le coupe-gorge. Elle franchit d'abord une petite pièce où la notion de bordel était érigée en absolu ! Des plaques commémoratives de tout acabit y étaient entreposées pêle-mêle au milieu de dossiers comptables de toutes les couleurs… Elle traversa ensuite une cour jonchée de pierres tombales en cours de gravage. La pièce suivante était tout en longueur comme les objets dont elle recelait, c'était l'atelier des cercueils. Un vieux bonhomme tout rabougri était penché sur sa planche de bois et jouait du rabot… Il avait l'air médusé. Il faisait de lents mouvements de va-et-vient et donnait l'impression qu'il allait s'endormir à chaque seconde, qu'il allait lâcher prise au bout de son va et abandonner son vient… Lorsque que Purdey lui demanda si Madame Irma était dans les parages, il leva une tête fatiguée mais offrit tout de même un sourire pas très chic mais très chicots… l'édenté de l'amer, l'homme sur qui l'orthodontie n'avait rien misé… Purdey crut un instant qu'il allait dire « Je suis fatigué, je voudrais mâchoires… », mais s'en voulut instantanément de cette pensée facile, elle qui sous la direction de son mentor Suitaume, était devenue tout altruiste, l'amie des égarées de la vie.

Mais pourquoi donc la simple évocation de madame Irma déclenchait-elle l'hilarité ? Du bout de son rabot, le vieux raboteur indiqua un escalier métallique au bout de l'atelier, au bout de sa vie… Purdey lui répondit d'un sourire qui, vendu en pharmacie, occasionnerait la faillite des fabricants de Viagra, et emprunta l'escalier qui bringuebalait autant que le pauvre vieux.

Au sommet des marches, une porte.

Sur la porte, une plaque.

Sur la plaque, un nom :

Irma Bienrgardais, la voyance à votre écoute

Purdey apposa un doigt délicat sur la sonnette. La porte s'ouvrit moins de 2 minutes 12 plus tard sur une charmante apparition.

– Bonjour, je suis Irma Bienrgardais.

La voix était bien timbrée et la poignée de main vigoureuse... Irma Bienrgardais était un homme !

Oui, madame Irma était un homme ! Voilà qui était une chose intéressante. Enfin un homme… si on considère que celui-ci descend du singe, ce qui, vous en conviendrez, est parfaitement stupide ! Irma Bienrgardais tenait toujours la délicate main de Purdey dans son énorme paluche pleine d'un poil abondant. Ce bras savane dépassait d'une sorte de djellaba en soie brocardée rouge et verte avec sur le ventre un dragon cracheur de feu. Un décolleté bruyant laisser apparaître une forêt luxuriante, sauvage et noire, un formidable champ de poils dans lequel aucune moissonneuse-batteuse n'avait réussi à se frayer un chemin. Le visage, souriant à l'excès, n'était guère plus engageant que le bras et la poitrine. Imaginez le Yéti un lendemain de cuite et vous aurez une idée juste mais moche de l'homme en question… Rajoutez-lui deux yeux bleu pervenche totalement hallucinés, un nez en forme de courge, un poireau sur la joue droite, laissez mijoter la peur deux ou trois minutes et prenez vos jambes à votre cou (ou vos roues à vos bras si vous êtes en fauteuil roulant) !

Essayant de le regarder droit ailleurs que dans les yeux, Purdey brandit sa plaque d'immatriculation policière.

– Police judiciaire, lieutenant Purdey Prune…

– J'avais écrit au commissaire Suitaume, perdit-il son sourire.

– Je suis son assistante…

L'œil libidineux du poilu l'aida à penser qu'il ne perdait pas au change. Il céda le passage à la visiteuse.

– Entrez.

Purdey passa rapidement devant le voyant qui la dévisagea de la tête aux pieds avec une indécence caractérisée, usant de son don de double vue. Purdey se força à respirer par la bouche tant l'odeur de rance et de moisi était forte... Elle se mélangeait à une fragrance de patchouli à faire perdre une bataille nasale.

Dans la pièce principale, le décor était vieux comme un monde disparu et donnait autant le tournis que la nausée. Purdey accepta le siège que lui offrit son hôte juste devant un petit guéridon avec une nappe aux couleurs joyeuses (*si tu est gai, ris donc*) et une boule de cristal. Bienrgardais voulu lui offrir un vin spiritueux, qu'elle refusa.

– Je ne savais pas que la police recrutait des femmes d'une telle beauté.

La bienséance de son texte n'allait pas du tout avec son regard hypnotique et pervers... Il n'avait pas de poils sur l'œil, le cochon !

– Pour tout vous avouer, je ne pensais pas que le Quai des Orfèvres prendrait ma lettre au sérieux... La voyance et le spiritisme sont tellement méprisés dans ce pays ! Regardez l'Angleterre, Scotland Yard n'hésite pas, parfois, à avoir recours aux services des esprits !

– La France manque peut-être d'esprit ? proposa Purdey qui, elle, n'en manquait pas.

– La France manque de couilles, si vous voulez le fond de ma pensée !

Purdey ne répondit pas, ayant plus une certaine idée de la France du haut que de celle du bas, et se fichant du fond de la pensée de son interlocuteur.

– Avouez, mademoiselle, que les partis n'ont plus de couilles ! De gamélards odieux, voilà de quoi est constituée notre élite politicienne !

Purdey choisit l'air marmoréen. Employée par la République, elle ne pouvait adhérer aux colères extérieures.

– Vous avez reçu des messages de menaces, je crois ?

Regard extatique.

– Pas de menaces, mademoiselle Prune, de supplication ! Toutes les nuits à 0h55 précisément, la radio se met en marche, toujours sur Radio classique, et trois coups sont frappés sur cette table qui est devant vous !

Sa voix venait de se briser légèrement.

– C'est intenable... Je commence même à avoir peur, chuchota-t-il.

Très pratique, Purdey sortit son petit carnet en moleskine. Elle en rabattit l'élastique et griffonna quelques notes.

– Cela a commencé quand ?

– Il y a une quinzaine de jours... Au début, j'ai pensé que cela s'arrêterait rapidement mais c'est devenu de plus en plus insistant, de plus en plus fébrile.

– Selon votre lettre, il s'agirait de l'esprit de Mozart, c'est exact ?

Acquiescement.

– Qu'est-ce qui vous fait croire ça ?

– Mais Mozart, tout simplement ! Il dit être Mozart !

– Comment être sûr que ce n'est pas une plaisanterie ?

Le poilu voyeur osa un ricanement presque sarcastique.

– L'esprit a rarement d'humour.

Passons sur la double incohérence d'Irma Bienrgardais et

de la langue française.

– Comment l'esprit vous dit-il qu'il est Mozart ?

– Par la pensée ! Je suis un vrai médium, vous savez...

– Il s'empare de votre corps ?

– En quelque sorte... Et il me transmet sa peur, c'est un esprit qui souffre ! Depuis sa mort, il erre dans les limbes... Il n'arrive pas à partir, vous comprenez ?

– Mal.

– Il prétend avoir été assassiné ! Et il attend réparation avant de pouvoir gagner, disons... le paradis.

Purdey écoutait sans ciller.

– Pourquoi se manifeste-t-il maintenant ? Et pourquoi chez vous, à votre avis ?

– Je l'ignore.

– Dans votre courrier, vous parlez de franc-maçonnerie...

Le voyant déglutit.

– C'était avant-hier soir. Il m'a dit que sa loge maçonnique l'avait fait assassiné... pour qu'il ne parle pas !

Atmosphère glacée.

– Qu'il ne parle pas de quoi ?

– M'a pas dit... pas encore !

Purdey referma son carnet.

– Vous pensez qu'il se manifestera à nouveau cette nuit ?

– Indéniablement.

– Vous voyez un inconvénient à ce que j'assiste à la séance ?

– Aucun, j'allais vous en prier. Vous êtes de la police, il faut m'aider à me débarrasser de cet esprit... Cela devient invivable de cohabiter avec Mozart !

L'officière se leva, pressée d'en finir.

– Je serai là à minuit trente…

Regard chaviré avec plage de sable et corps nus roulant dans les vagues.

– … avec le commissaire Suitaume, précisa-t-elle, pour éviter l'ambiance cosy (comme dirait Mozart), avec chandelles et foie gras entre deux interventions spirites.

– Voulez-vous que je vous fasse les lignes ?

– Pardon ?

– De la main ?

– Cela ne sera pas nécessaire, merci.

Purdey sortit de l'antre du pithécanthrope à regard extrapolateur avec soulagement et un sentiment partagé sur ce qu'elle venait d'apprendre. Le commissaire y trouverait-il du terreau pour cultiver des choux gras ? Elle était d'une nature plus sceptique que son supérieur. Cette coïncidence pouvait-elle être le fruit d'une manipulation quelconque ? Cet Irma était-il le pion de quelque complot occulte ? C'était possible…

Mystère et boule de cristal.

*

* *

8

LA VIEILLE PIE VIP

Louxor se sentait bien dans son costume de tueur. Il était à l'aise, pas gêné aux entournures. Cette besogne correspondait à son goût de l'indépendance, de la liberté et à son sens du jeu… car il avait toujours aimé jouer, Louxor, surtout aux jeux vidéo. C'était sa passion… Le virtuel au service de ses pulsions ! C'était bon ! Bien sûr, il fallait gagner, c'était même le seul intérêt ! Ce que n'avait jamais réussi à comprendre sa mère… La garce ! Elle l'avait couvé, étouffé, enfoui sous son aile castratrice, écrasé dans son sale giron, nidifié… Elle avait lénifié son tempérament de feu, lui avait bouché des horizons merveilleux, elle avait mis un frein aux désirs qui l'habitaient ! À lui, le lion qui voulait dévorer la vie ! Rien que d'y repenser, Louxor en bavait de colère ! Il en rageait, il enrageait ! Ah, et l'affaire Kevin ! Il l'avait entendue celle-là ! On lui avait suffisamment reproché cette petite histoire ! Pas de sa faute, pourtant. Kevin était un crétin ! Un nul ! Un sans avenir ! La preuve, il était mort ! Ils avaient passé un week-end, seuls dans la grande maison familiale à jouer à *Si tu veux l'heure, arrache-moi le bras*, le grand jeu Nippon de la rivière Kwaï... et il s'était un peu énervé d'avoir perdu... donc, il l'avait défenestré ! C'était vrai, il n'avait pas nié, s'était accusé, alors faute avouée... Heureusement que dans cette histoire, son père, lui, avait été à la hauteur... Il avait déplacé le corps et fait étouffer l'affaire. Car son père, ce héros au sourire si doux, avait les moyens d'étouffer plein choses... les scrupules en tête. Sa mère, quant à elle, petite nature par excellence, s'était mise à la dépression et à l'alcool... jusqu'au jour où par une belle journée d'été, alors que les fenêtres du troisième étage étaient ouvertes...

Il avait ressenti un tel bonheur, une telle délivrance, qu'il s'était dit qu'il avait trouvé sa voie. À force de pousser les autres à prendre leur envol, il s'était senti pousser des ailes !

Ensuite, la routine... Petite maison de redressement dans les Balkans et école privée en Suisse... privée de liberté, surtout. Puis l'engrenage infernal : le bac, le DEUG, le concours, la licence, les grandes écoles, celles qui préparent les grands maux et qui apprennent les gros mots, l'économie, la politique... puis encore deux ou trois autres fenêtres ouvertes... jusqu'à ce que le paternel se fâche tout rouge, qu'il en ait assez des frasques du bambin mal poussé ! Que la goutte du ras-le-bol fasse déborder le vase de son impatience ! Le morveux était intenable ? Sa nature profonde était sans fond ? Qu'à cela ne tienne, il lui donnerait du mouron, à son serin vengeur ! De la victime officielle ! Du salaud politique ! De l'ennemi d'urne ! Si sa raison d'être, au loupiot, était de briser la raison de ne pas être des autres, on allait la transformer en raison d'État ! On utiliserait sa passion, son talent, à la défenestration des grandes causes !

Ce fut ainsi que la fin des Osiris fut programmée… pour entériner l'avènement des Louxor, une nouvelle dynastie d'exécuteurs des basses œuvres du *Grand Désorienté* ! Les grandes révolutions ne sont bien souvent que le fait d'un piston bien placé… le piston à papa ! Ainsi en décida celui que dans certains cercles extrêmement fermés, on appelait Horus !

Car, Horus était le père de Louxor.

Je sais, moi aussi quand j'ai appris la nouvelle, j'en suis tombé de ma chaise à porteurs.

Mais justement…

Louxor venait d'arriver dans rue de Sévigné où une nouvelle mission l'attendait.

*

Le vieil hôtel particulier de la famille Holderpüp ne gisait pas dans le Marais, il s'y enlisait. Une vieille demeure de guingois qui penchait en faveur d'un redressement. La façade aurait eu besoin d'un bon ravalement… sa propriétaire aussi, comme allait bientôt le constater Suitaume. Ce dernier avisa le numéro 12 de la rue de Sévigné, franchit le petit jardinet coquet et fleuri, grimpa trois marches perronantes, actionna le *dong* et la porte s'ouvrit sur le dingue !

Un type tout de noir vêtu, de la tête aux pieds, noir lui-même d'ailleurs, et certainement gris, vu son curieux balancement chaloupé d'arrière en avant.

– Mon… sieur ?

Carte.

– Police ! J'aimerais m'entretenir avec madame Holderpüp.

– Ma… dame fait sa… sa… my jastic… sa…

gym...nas... tique ! Peux pas... déranger !

Puis, il partit d'un éclat de rire plein de dents dangereuses ; ce rire avait quelque chose d'effrayant !

– Faites un effort, jeune homme, où je vous arrête pour conduite en état d'ivresse !

Le grand Black fixa son sourire avec de la colle forte.

Lard, cochon ?

– Je... je ne conduis pas !

– Mauvaise conduite en état d'ivresse, alors ! Plus insultes à un officier de police dans l'exercice de ses fonctions ! Deux mois fermes !

– Vous ai pas insulté, répondit l'accusé, dégrisé d'un coup !

– Vous n'allez pas tarder à le faire ! Allez me chercher votre maîtresse !

– Comment savez-vous qu'elle est ma...

– Quoi ?

– Non, rien. Si vous voulez bien attendre dans le boudoir...

Il commençait enfin à reprendre ses fonctions anatomiques et professionnelles au sérieux. Suitaume entra et alla sécher dans une antichambre très chargée art déco avec de l'hommage au monde musical sur les murs, les tables et les dessus de cheminées ; un buste, plus plâtreux qu'un faux camembert et que Suitaume reconnut comme étant celui de Beethoven, trônait sur un austère guéridon (c'est un oxymore) ; les représentations de Mozart étaient à l'honneur.

Le valet de pied gauche partit en titubant et en hoquetant bêtement. Aux alentours de dix minutes plus tard exactement, un grincement inquiétant enveloppa la maison, quelque chose d'assez horrible, entre le goret égorgé et la craie sur le tableau ; c'était un bruit avant-coureur ! Mais avant-coureur de quoi ? Suitaume avait déjà la main sur la crosse nacrée de son Luger hors-série et s'attendait au pire… Les horrifieurs, il les connaissait, les coups fourrés (à l'exception de Purdey) et les coups fourreurs, les tour-operators de l'*ad patres*, les fournisseurs d'aller simple pour caveau double, il en faisait son petit-déjeuner quotidien… Toujours en vie, Suitaume, car toujours en garde, toujours sur ses gardes !

Le bruit enfla, s'amplifia, s'intensifia… C'était une machine infernale, à vous faire *pan !* dans le tympan ! La maison hantée, diabolique… un piège à rendre fou ! Au moment où Suitaume allait se couvrir les oreilles pour échapper au sort de Quasimodo, la porte s'ouvrit avec violence et le bruit s'arrêta net !

Zelda Holderpüp était là, devant lui, de toute sa demi-hauteur ! Elle trônait dans une antique chaise roulante dont les roues caoutchoutées n'avaient sans doute pas vu l'huile depuis une bonne paire de décennies. L'Autrichienne conservait l'élégance d'une certaine gloire physique passée mais la patine des ans avait néanmoins opéré son labeur.

Quand même plus beau que de dire : « voilà la vieille ! » Magie de l'auteur qui maîtrise son verbe, l'auteur qui se doit d'être sévère envers ses vers. Excusez-moi, je suis comme Cyrano… je me les sers moi-même !

Zelda Holderpüp le regardait avec des yeux perçants comme un cri dans une nuit de cristal !

– Qu'est-ce que fous me foulez ?

En fait, je vais vous passer l'accent teuton qu'elle avait, ma foi, fort prononcé.

– Madame Holderpüp, je présume ? courtoisa Suitaume, comme il aurait dit « docteur Livingstone ».

– Que fait votre présence chez moi ?

Excusez, mais c'est traduit littéralement de l'allemand.

– Une mauvaise nouvelle, j'en ai peur.

– Ne me dites pas qu'il s'agit de ma partition ? *Hé…*

Suitaume garda son masque mortuaire, celui qu'il mettait usuellement pour annoncer les décès et affronta courageusement la question paralysante, la question qui vous donne envie dire « mais non, pas du tout, qu'allez-vous imaginer ? Je suis juste passé pour vous rendre hommage, chère Fraü … »

– En effet, madame, la partition de Mozart a été dérobée cette nuit à l'opéra Garnier !

Un hurlement à rendre jaloux tous les vieux fauteuils roulants mal graissés traversa l'atmosphère et lui dessina une sale gueule. Contre toute attente, elle effectua un demi-tour acrobatique, fit hurler les pneus et partit à cent à l'heure, traversa le grand hall de marbre blanc comme un bolide du bol d'or, percuta le majordome qui tournoya et s'effondra en faisant une tête de Maure hilare puis disparut dans une autre pièce… La vitesse avait transformé le cri d'acier des roues en sifflet de locomotive à vapeur. D'abord médusé comme Jéricho par le son des trompettes[7], le commissaire se précipita à la suite du fauteuil Gordini et pénétra dans une bibliothèque à rendre agoraphobe.

Il y avait des sanglots longs… mais sans violons.

Au centre de la grande pièce, le fauteuil s'était arrêté et paraissait presque misérable dans l'immensité de l'endroit. Parmi cet océan de livres exposés, Suitaume se sentit frêle esquif démuni, radeau sans bagage. Il songea que plus on connaissait de choses et

7. Cette phrase demande une certaine culture et un sens inné de l'association d'idées.

moins on en savait. Mais l'heure n'était pas à la philosophie exprès. Le profiler voyait le dos de Zelda Holderpüp qui était parcouru de petits tressautements.

– J'en étais sûre…

– De quoi étiez-vous sûre, madame ? s'approcha le policier.

– Je les avais prévenus…

Elle pointait un doigt arthrité et tremblant.

– Je leur avais bien dit, chevrota-t-elle, ils n'ont pas voulu m'écouter…

Le commissaire vint s'agenouiller devant la vieille dame et très délicatement lui pris la main. Chevaleresque, il savait reconnaître une femme désemparée, il répondait toujours présent quand il y avait une femme au bout du rouleau (sauf quand il était à pâtisserie, évidemment).

– Confiez-vous, madame, je peux vous aider.

Elle regarda le commissaire avec une certaine commisération[8], un peu comme s'il venait de dire une énorme bêtise… Puis elle se mit à rire à gorge plus déployée que les ailes d'un aigle royal ! Suitaume crut un instant que la nouvelle du vol lui avait fait perdre la raison, qu'elle avait grillé sa dernière touffe, que le fil ténu qui la reliait aux autres venait de claquer… mais non ! Son regard lucide le détrompa, un regard lucide où se lisait la peur !

C'était ça ! Elle avait peur, terriblement peur !

Et comme la question est sur toutes vos lèvres de lecteurs ébahis et qu'elle est également sur le bout de la langue de mon héros…

Il l'a posa cette fameuse question :

– Qu'est-ce qui vous fait peur, madame Holderpüp ?

8. Heureusement qu'il n'était pas fêlé.

Vous saviez que ce vol aurait lieu ? Pourquoi ?

Moi, si j'étais dans la pièce ou dans un livre de nettement moins bonne tenue, je lui dirais « tu vas parler, salope ?! » et j'accompagnerais d'une valsante sur ses abat-joues ! *Mais je m'immisce impromptu, alors que l'histoire avance sans moi...*

Avec une force inouïe, l'Autrichienne attrapa le col de Suitaume de ses deux poings avec du suave et du suppliant dans le trémolo de la voix.

– Commissaire... Arrêtez-les, je vous en conjure ! Ils vont...

Plop ! Plop !

Zelda Holderpüp s'effondra dans ses bras... morte !

Deux balles dans la région du dos. Suitaume prit juste le temps de se jeter à terre pour éviter la suite de la distribution... Deux nouveaux coups de feu qui firent sauter l'émail du marbre blanc. Avant de disparaître derrière une bergère qui cachait des blancs moutons, le policier aperçut une silhouette haute un peu blondinette, une gueule un peu à la Jean Marais (en moins drôle). Il dégaina son Luger pour défendre chèrement sa peau, celle de Zelda Holderpüp ayant déjà était vendue sur un marché perçant !

C'est fulgurant, je sais... Certains appellent cela le talent... Moi je préfère génie, *ça ne mange pas plus de pain et ça fait mieux dans un CV.*

Le silence avait repris l'espace, un silence de mort, bien sûr. Suitaume tenta une tête prudente au-dessus de la bergère... L'homme avait disparu ! Pas le genre à finir le nettoyage... ou alors, prudence excessive. Il courut jusque dans le hall où le spectacle continuait de plus moche, un spectacle à la Verdi avec un décor rougi ! Le grand Noir nageait la brasse dans son sang, tout shakespearien ! Othello exécuté par Desdémone, corps tout mou, le grand Maure moelleux !

Claquement à l'étage. Suitaume opéra une progression rapide avec toute l'agilité que lui laissaient ses quarante printemps sans sport, avec une nièce débile et une sœur indélébile. Il parvint à l'étage, le souffle un peu court (jeune homme). La fenêtre à guillotine d'un vaste palier était ouverte et la silhouette du petit salaud disparaissait déjà sur le toit d'en face. L'ordure prenait la tangente (car le toit était en fuite). Suitaume jeta un œil, mesura le vide, prit son courage à deux mains en même temps que son élan et d'un bond sans académisme, se propulsa sur le zinc d'en face. Hélas, il y manquait une pointe d'aspérité (ce qui n'a rien à voir avec une pointe d'asperge), son pied ripa et il s'écroula comme une masse, face contre terre... Facétieux de nature, il commença à glisser... Le vide l'attendait avec un sourire béant ! Heureusement, son pied gauche (toujours le même) heurta la gouttière, la gouttière salvatrice, la même qui sauva tant et tant de héros de littérature de genre. Suitaume bénit cette rigole de zinc qui lui permit de reprendre appui décemment. Après avoir repris souffle et espoir, il amorça une agile reptation, prenant garde de laisser :

1. son Luger bien ancré dans sa paume,
2. libre court à son imagination débordante pour prévoir toutes les feintes tordues du canardeur,
3. un œil sur le sommet du toit pour éviter toute mauvaise nouvelle surprise.

Toute son énergie déployée, il parvint enfin à agripper sa main gauche sur la crête du toit zingué. Il s'y accrocha, comme une femme pré-ménopausée s'accroche au dernier wagon de l'amour et balança sa jambe droite pour passer à califourchon sur le pinacle.

Respiration... de courte durée.

Quelque chose de froid et d'insalubre venait de se poser sur sa nuque. L'expérience d'un certain nombre de sales situations lui fit penser qu'il s'agissait du silencieux d'un automatique.

« Ça va la flicaille ? »

Gagné.

Il venait d'être pris sur le faîte.

Arrêtez-vous pour admirer un instant… J'ai construit toute cette scène pour arriver à ce bon mot… Avouez qu'il faut une certaine dose d'abnégation !

Oui, le policier prit sur le fait sur le faîte n'était pas à la fête ! Monde à l'envers, inversion des valeurs. Y'avait comme un décrochage de la position sociale. Suitaume attendit que le kaléidoscope de sa vie lui défile devant les yeux… prémices de la mort oblige ! Rien. Encéphalogramme plat.

« Je pourrais te loger une petite balle dans l'occiput, tu sais, fic ! »

Il y avait du suave dans la voix, du roucoulant. Suitaume n'osa pas se retourner… Il avait affaire à un type qui bandait avec un revolver au poing, il le sentait (c'est une image, évidemment)… mais il sentit aussi que le tueur ne voulait pas le tuer, c'était un joueur… Les pires ! Les imprévisibles, les indomptables !

– Je préfère que tu saches qu'au petit jeu du chat et de la souris, Louxor est toujours le chat !

– Louxor ? s'étonna Suitaume, c'est un joli nom pour terminer dans un sarcophage !

Le froid de l'acier s'enfonça un peu plus dans son cou.

« Ce n'est pas un petit flic à la noix de veau qui va m'en raconter… C'est moi qui suis du bon côté du biniou ! »

Le profileur percuta en même temps que le chien

du pistolet... Le type devait être de bonne famille. La noix de veau n'est pas le plat du pauvre... Venait pas des banlieues, le loustic.

« Tu vas pouvoir dire à ta hiérarchie qu'à présent, c'est Louxor qui facture les notes de frais ! Bonne nuit. »

Formule de politesse qui s'accompagna d'une douleur fulgurante entre les deux hémisphères. Suitaume se retrouva tout groggy, à cheval sur le toit d'un immeuble parisien.

Louxor, quant à lui, la fierté accrochée en bandoulière, admira son travail et se trouva particulièrement efficace.

Son téléphone sonna.

– Allo ? Comment ? Mais papa...

*

« ... Claire Chazal, je crois qu'il faut le dire, la France est en émoi et vit un véritable bouleversement politique... Le doute n'est plus permis à présent, c'est Nick Sarkos qui est en tête des sondages et qui s'affiche comme le prochain Président des Français ! Ce même Nick Sarkos qui depuis le début de la campagne présidentielle, reconnaissons-lui ce courage, a durci son discours politique au risque d'effrayer une partie de son électorat ! Un discours qui s'est voulu plus extrême, plus jusqu'au-boutiste que jamais, une radicalisation de ce qui avait fait son succès. Au sein même de son parti, peu l'avaient soutenu, le jugeant suicidaire, inconscient... Il semble qu'il soit en train d'avoir raison contre tous ! C'est terrible, Claire, les journalistes indépendants que nous sommes ne peuvent que craindre les conséquences du choix d'une certaine

France ! Le principe de liberté et de libre-arbitre qui nous est cher, qui nous habite, est-il en danger ? Nous le pensons et je crois que notre rôle est de le dire, Claire !

– Merci à Carmina Lapouge, notre correspondante à Matignon, de son analyse impartiale de la situation malgré l'extrême tension qui règne un peu partout sur le territoire. Carmina, pensez-vous que les Français vont descendre dans la rue pour protester contre ce choix démocratique, qui disons-le, est extrêmement condamnable ?

– Je le crois, Claire, je le crois sincèrement… Car la France a mal à sa politique, elle fait une crise de foi en ses politiciens depuis plusieurs années à présent et se raccroche par-là même aux branches les plus fragiles de l'idéal républicain…

– Pourtant, Nick Sarkos se veut un chantre de cet idéal !

– Bien sûr, vous avez raison, comme Napoléon Bonaparte se voulait le sauveur de la Révolution française !

– Merci, Carmina, nous vous retrouverons un peu plus tard pour l'analyse des manifestations syndicales qui sont sur le point d'exploser… »

*

* *

9

LE FRANC-MAC FAIT CHEESE !

Guillaume le Roux portait des braies et une veste en peau de mouton des montagnes. Sa chevelure rousse et abondante dépassait d'un casque surmonté de grosses cornes de bœuf et flottait au vent du large. L'épée dardée plein sud, le pied sur le bastingage de son drakkar, il tenait sa figure de proue du bras gauche, préparant l'abordage du navire ennemi. Il admira cette figure éperonnante, cette figure emblématique tous seins pointés vers l'horizon mystérieux et souvent barbare ! Contre l'éternelle tête de dragon, Guillaume le roi viking avait troqué le buste sculpté de sa femme Purdaf, sa reine, son oracle, son porte-bonheur ! Le roi guerrier se sentit galvanisé, transporté par cette statue de bois habitée par l'âme de son égérie ! Thor et Odin étaient avec lui pour pourfendre la nef qui faisait voile vers eux…

Le choc, soudain…

« À l'abordage ! »

À ces simples mots primesautiers et joueurs, une horde sauvage déferla toute hargne dehors pour défaire la galère mauresque ! D'énormes Vikings poiluschevelus sabordèrent le rire aux lèvres, firent rouler les têtes et les membres sous l'impulsion de leur chef exalté ! Le combat fut âpre mais inégal tant le courage viking faisait de chaque homme un guerrier invincible. Mais la faiblesse entraîne souvent la lâcheté et sournoisement, un Maure qui faisait le mort se releva et frappa le roi Guillaume en pleine poupe (par l'arrière). Il s'effondra sur le pont avec l'image de sa belle en tête.

Puis du flou, plein de flou, du flou partout…

Guillaume tenta de sortir de sa torpeur, de faire le point… Dans le brouillard, une tâche blanche, un ovale, un visage… deux émeraudes, enfin… des yeux vert foncé qui le regardaient… Sa figure de proue qui lui donnait sa fougue de preux ?

– Purdaf ?

– Non, Purdey, commissaire.

Suitaume revint à lui lentement, essayant de s'extraire de son rêve. Étrange, cela semblait si vrai… et cette douleur, il la ressentait bien pourtant.

– On vous a retrouvé inanimé, à cheval sur un toit, commissaire…

« Louxor… »

Il se souvenait à présent. Louxor, le lâche, le buteur de grand-mère en chaise roulante !

– Où suis-je ?

– À l'hôpital Cochin.

Je pourrais faire des plaisanteries à la pelle sur cet hôpital.[9]

– Comment…

– Un appel anonyme qui nous a prévenus du double meurtre, devança Purdey.

– Louxor !

9. Ceux qui ne comprennent pas n'étaient pas nés en 1978.

– Pardon ?

– C'est le tueur qui vous a prévenu !

– Vous l'avez vu ?

– Aperçu. C'est un blondinet mal poussé avec une tête de yoyo.

Suitaume raconta ses mésaventures, ses rencontres, ses affres, ses douleurs, ses joies... Il s'épancha devant cette fée qu'il n'épousait qu'en rêve. Homme de tête et d'action, le policier refusa les conseils du médecin et déclina l'offre d'hébergement payé par la sécu. Pendant qu'il s'habillait, il fit un point sur l'affaire. Ce n'était pas du cousu main. Il avait beau retourner les événements et les drames dans tous les sens, il n'arrivait pas à rapprocher les éléments. L'assassinat de Ruppett à coup de serpent ne collait pas tellement avec la méthode flingueuse dudit Louxor... Pourtant, comment ne pas penser qu'il y avait du cousinage au degré proche entre les trois affaires !

– Laissons tomber les x, laissa-t-il tomber les x, et imaginons un premier scénario...

Purdey l'irremplaçable était tout ouïe.

– Louxor pénètre à l'opéra Bastille un peu avant la représentation du soir. Il dépose son serpent à effets secondaires dans la loge du grand Rupert... Pourquoi ? Nous verrons les pourquoi plus tard... Exit le chef ! Le tueur se rend ensuite à l'opéra Garnier avec un complice, y dérobe la partition, sort par le toit, tue son complice pour d'obscures raisons et disparaît... Un complice referme le vasistas de l'intérieur.

– Pourquoi ?

– Je ne sais pas ! Rien ne tient debout dans cette affaire... Le vasistas fermé, la corde qui reste suspendue, le mort sur le toit... Il s'agit soit d'un plan machiavélique soit d'une succession de stupidités !

Je ne vous cache pas qu'en tant qu'auteur qui avance sans plan préétabli, je préfèrerais que cela soit une succession de stupidités... mais me le pardonneriez-vous, amis lecteurs ?

– D'autant, continua Purdey, que l'assassinat de Zelda Holderpüp ne s'explique pas mieux.

Suitaume ne lui faisait pas dire, encore que...

– J'ai la sensation que la mort de l'Autrichienne a été un peu précipitée... Pour l'empêcher de me parler ! Elle savait que sa partition serait volée... Et elle était terrifiée ! Pourquoi ? Pourquoi ? Toujours pourquoi !

– Et comment se fait-il que le tueur soit arrivé dans le Marais presque en même temps que vous ? Vous qui n'aimez pas les coïncidences, commissaire, vous êtes servi.

Suitaume hocha de toute la hauteur de sa tête.

– Vous avez raison, ma douce... et la seule personne à savoir que je rendais visite à Zelda Holderpüp était...

– Le directeur de Garnier...

– Klaus Zedor, en effet. Je ne vois que lui pour avoir prévenu aussi rapidement Louxor de ma visite imminente chez l'Autrichienne !

– On l'arrête ?

– En douceur. Allez-y avec Pendule et Lioteck et vous me le ramenez au Quai... J'ai quelque chose à vérifier en urgence.

*

– C'est pas juste, c'est toujours moi qui monte derrière ! L'égalité des chances, tu connais ?

Purdey Prune était concentrée au volant de sa Mini rose, essayant d'éviter les embouteillages causés par la politique du nouveau maire indien de Paris, tandis que ses deux acolytes, Habib Lioteck et Achille Pendule, comme à leur habitude, se crêpaient le chignon.

– La place de l'arriéré est toujours derrière ! répliqua le bel Achille, hilare de son bon mot, quant à l'égalité des chances, c'est un paradoxe dans les termes !

– Dans con et facho, tu vois un paradoxe ? se défendit le Beur, tartiné au mépris de son collègue.

Épaules soulevées.

– L'égalité, c'est de la foutaise ! Comme dit le commissaire, l'équité prévaut tout ! L'équité, c'est le juste rapport des individus entre eux ! T'es toujours derrière parce tu fais 20 centimètres et 30 kilos de moins que moi ! Équité ! Point barre !

– Je répète que chacun son tour serait plus juste !

– Redire que t'es vraiment une bite serait plus juste aussi !

– PENDULE ! hurla Purdey.

– Désolé lieutenant, mais le Maréchal Lioteck me cherche, pouffa-t-il.

– Un singe en uniforme, dodelina le persécuté de l'arrière.

Dehors, le temps s'était grisé et il pleuvait à chaudes larmes. L'Austin purdéenne venait justement de contourner la Madeleine et de s'engouffrer dans le boulevard des Capucines.

Quelques minutes plus tard, les trois policiers, formant un équipage assez baroque, débarquaient dans le hall de l'opéra. Sur présentation d'un laisser-passer avec écrit « Police » dessus, ils accédèrent rapidement au bureau de Klaus Zedor. Celui-ci avait une mine de papier mâché par une bête féroce. En voyant l'escouade entrer, il essaya de monter sur le grand cheval de sa dignité bafouée.

– Qu'est-ce que c'est ? De quel droit ...?

Et cætera, et cætera en matière de banalités…

– Nous aurions quelques questions à vous poser, stoppa Purdey Prune.

– J'ai déjà répondu au commissaire Suitaume.

– Suite à de nouveaux événements, il aimerait s'entretenir avec vous de nouveau.

– De nouveaux événements ? De quel genre ? s'inquiéta-t-il ?

– Du genre meurtrier… Madame Holderpüp vient d'être assassinée !

Le directeur accusa le coup, compta ses gestes et alla s'asseoir le plus calmement possible à son bureau.

– Pourquoi venir me voir moi ?

– Le commissaire Suitaume vous le dira mieux que nous… Veuillez-nous suivre, s'il vous plaît.

– Et si je refuse ?

– …[10]

Il obtempéra, faute de pouvoir faire autre chose.

*

C'est un directeur d'opéra remonté comme une pendule suisse qui entra dans le bureau de Guillaume Suitaume.

– Je vous préviens, commissaire, que je ne supporterai pas que vous me fassiez perdre mon temps ! affirma-t-il avec le ton d'un coucou en colère.

Le profileur l'observa d'abord sans un mot, laissant monter la pression déjà bien haute.

– Pourquoi m'avoir menti, monsieur Zedor ?

– De… de quoi voulez-vous parler ?

– Pourquoi m'avoir caché votre appartenance à la

10. Vous m'avez compris…

franc-maçonnerie quand je vous l'ai demandé ?

– Mais… je ne suis pas franc-maçon.

Suitaume tourna l'écran de son ordinateur vers le gardé à vue.

– Vous avez été élevé au grade de Maître du *Grand Désorienté* voilà trois ans.

Le directeur opéra un changement de couleur radical, passant du blanc au rouge.

– C'est de l'ordre du privé, je n'ai pas à répondre à ce type de question ni à assouvir vos fantasmes de policier soi-disant incorruptible ! On vous connaît, Suitaume !

– Parfait, puisque vous semblez connaître beaucoup de gens, vous allez sans doute pouvoir me dire qui est Louxor ?

Je ne transcris pas la réponse tant elle fut bredouillante, approximative et inutile.

– Et par la même occasion, vous me direz pourquoi vous avez fermé le vasistas de l'intérieur ?!

Les traits du visage de Klaus Zedor venaient de s'affaisser subitement, le faisant ressembler à un cocker dépressif.

– Vous êtes dingue !

– Ne niez pas, nous avons vos empreintes !

– Ah ! Ah ! Impossible, j'avais des gants !

Oups ! la bévue, la boulette ! Tout directeur d'opéra qu'il était, avec un gros salaire, il venait de tomber dans un piège vieux comme le monde.

C'est un peu facile, c'est vrai mais puisque ça marche…

Suitaume l'avait eu au tournant.

– Merci, monsieur Zedor… Je vous écoute à présent.

Contre toute attente, l'accusé se mit à ricaner, un truc à vous faire froid dans le dos, du ricanement d'outre-tombe, comme si le ricaneur se sentait soudainement détaché des choses matérielles, des conséquences de ses actes, de ses mots...

– Si vous saviez, mon pauvre Suitaume...

– Justement, j'aimerais savoir.

– Funestes cancrelats enferrés dans vos vieilles valeurs, vous êtes déjà morts...

Et sur ces mots, disons-le, abscons... pour ne pas dire autre chose, Klaus Zedor fit un affreux mouvement de mâchoire... Son corps se raidit tout entier et une mousse rose sortit de sa bouche. En une demi-seconde, il s'écrasa avec fracas sur le bureau de Suitaume !

Le commissaire lui mit deux doigts sur la carotide... Mort !

Cyanure.

*

Et soudain (comme disaient la vierge), comme pour donner un peu de piment à une scène qui n'en manquait pourtant pas, la porte du bureau s'ouvrit sur Hercule Comenvetu !

– Qu'est-ce j'apprends, Suit...

Le Principal tomba en arrêt comme un chien renifleur devant 1 kilo d'héroïne (celle qu'on appelle Blanche-Neige).

– C'est le... il est... c'est pas... non... je ne crois... comment ?

Juste après Lettres, il avait fait Philo.

– SUITAUME ! C'est une bavure ?

– Non, un suicide !

– C'est pareil !

– Pas tout à fait !

– Un suicide au Quai des Orfèvres, vous imaginez ?

– Je fais plus que de l'imaginer, Principal, je le constate !

– Ah, Suitaume, ne jouez pas au plus fin avec moi !

– Je ne me permettrais pas…

– J'en ai brisé des plus coriaces que vous !

– Je le pressens.

– Vous connaissez cet homme ? C'est le directeur de l'opéra Garnier, un homme éminent et d'une haute probité morale !

– C'est à ce titre que je le questionnais. Il est également membre actif du *Grand Désorienté*… à vos côtés, si je puis me permettre cette fois-ci.

Comenvetu était cramoisi, une tomate dans un bal costumé d'écrevisses. Cet air pivoine faisait ressortir tout l'éclat de son costume trois pièces à carreaux.

– Non ! vous ne pouvez pas vous permettre ! Je crois vous avoir dit ce matin d'orienter vos recherches !

– Ce que j'essaye de faire avec toute l'abnégation qui me caractérise, monsieur le Principal, mais je suis irrémédiablement ramené à l'hypothèse de l'implication de la franc-maçonnerie dans cette histoire…

– C'est stupide !

Suitaume lui raconta le meurtre la joueuse de chaise roulante et sa rencontre avec le tueur au faîte d'une poursuite endiablée, ce qui laissa Hercule le coquet plus aphone que Bernardo (le copain de Zorro).

– De plus, avouez que Louxor, comme nom de baptême… c'est pas admissible (même à l'oral) ! D'autant que j'ai cru comprendre que le rituel du

Grand Désorienté empruntait beaucoup à la mystique égyptienne ! Moi, les coïncidences…

Comenvetu se laissa choir sur un fauteuil, tout froissé (lui, pas le fauteuil), complètement désorienté.

– Quelle histoire ! Quelle histoire ! C'est du drame antique ! Vous devez agir avec doigté, Suitaume… Et attention à la presse ! Avec ce qu'il se passe en ce moment, le pays est une véritable cocotte minute ! Une étincelle et hop ! Tout saute ! Et moi avec ! Vous avez une autre piste ?

– Oui.

– Laquelle ?

– Je vais aller poser quelques petites questions à Mozart.

Hercule regarda son subordonné, le coin de la lèvre droite légèrement remonté avec l'œil glauque assorti. Était-ce les effets secondaires de son coup sur la tête ?

*

« Le vote est à présent confirmé, c'est Nick Sarkos qui est élu à la présidence de la République ! C'est incroyable, Claire, c'est ici dans la rue un véritable chaos, une véritable apocalypse ! La population est déchaînée… Les boutiques sont dévastées, les voitures brûlent ! Je crois que nous vivons là des moments historiques qui vont faire de Mai 68 une rébellion de maternelle !

– La France n'a-t-elle pas connu ça en février 34, Carmina ?

– Je ne sais pas de quoi vous parlez, Claire, mais je peux vous dire que personnellement, je n'ai jamais vu une chose pareille ! Nous attendons une allocution de

Nick Sarkos mais le pire est peut-être à craindre… Ah ! Claire, je vois François Auxlimbes, le porte-parole de l'opposition… Je me dirige vers lui… Je laisse ma voiture brûler, tant pis, le métier avant tout ! Vous me connaissez, Claire Chazal, Carmina Lapouge, toujours au feu ! Monsieur Auxlimbes ! Monsieur Auxlimbes ! Un mot pour l'antenne ? Que pensez-vous de ce résultat ?

– Je crois que la France montre là sa vraie réponse !

– Mais les urnes ont parlé, cependant…

– Elles avaient parlé en 33, souvenez-vous !

– Que va-t-il se passer selon vous ?

– Je crois que dans ce brouillard, l'avenir est clair ! Nick Sarkos devra partir, refuser son mandat pour le bien-être de l'État !

– Mais, excusez-moi de me faire l'avocat du diable, mais ne serait-ce pas là un refus de la démocratie ?

– Au contraire, Carmina, n'est-ce pas la colère du peuple qui parle en ce moment ?! La colère de ceux qui n'ont pas été entendus ? Moi-même, ne suis-je pas en colère ? Vous-même, n'êtes-vous pas en colère ? Dites-le, Carmina, êtes-vous en colère ?

– Oui… bien sûr !

– Dites-le !

– Je suis en colère !

– Criez-le !

– JE SUIS EN COLERE !!! Claire, êtes-vous en colère ?

– Oui, je le suis !

– TOUS ENSEMBLE ! Nous sommes en colère ! Dehors Sarkos dans le cosmos ! Sarkos dans le cosmos !!!

– C'est Carmina Lapouge, en direct de la rue, en direct du peuple ! VIVA LA LIBERTAD ! Vive le CHE et à bas la guerre ! »

*

10

La petite musique me nuit

La nuit était déjà tombée depuis belle lurette, assommant du même coup les moins gaillards à la vie nocturne. Purdey Prune et Guillaume Suitaume n'en étaient pas. Oiseaux de nuit par nature et par métier, leurs silhouettes discrètes et longiformes faisaient travailler les réverbères de la rue Süssmayer. À la lumière du 69 (aussi renversant que cela puisse paraître), le commissaire sortit l'antique montre de famille de son gousset. Pas meilleure qu'une autre mais peut-être plus fiable, elle indiquait 00h15, ce qui était un peu plus que l'heure du crime et un peu moins que l'heure du rendez-vous avec Irma Bienrgardais.

Le magasin de pompes funèbres était fermé d'un rideau de fer… Juste au cas où un bande de malfrats aurait l'intention de dérober pour cinq tonnes de marbrerie ou pire, de venir profaner les pierres tombales avant qu'elles ne soient des tombes… Profanation par anticipation, un genre nouveau à développer au royaume des enflures ! Les policiers attendirent dans la fraîcheur du soir dans un silence respectueux du voisinage…

Nous sommes dans un roman, je le rappelle.

Dix minutes plus tard, le rideau de fer, sans respect pour autrui, se releva en hurlant son arthrite métallique… Il s'arrêta à mi-hauteur et une main poilue apparut, leur faisant signe d'entrer… Ce qu'ils firent, étant venus pour ça.

Rideau.

Dans une pénombre de circonstance, on fit des présentations plus sommaires qu'une exécution putschiste et on gagna le fond de la cour. La traversée de l'atelier de cercueils sous un clair de lune rousse (tout à fait adaptée à la venue de la police) eut quelque chose de presque beau.

Dans la petite maison, au sommet de l'escalier bringuebalant, la rombière blondasse de la caisse les attendait, plus pimpante qu'un lampion d'Halloween. Elle s'était fait un maquillage gothique à base de blanc et de violet… On aurait dit une tête de mort… Bref, une tête en osmose avec l'ambiance générale. Elle salua à peine, un « b'soir » lancé du bout de ses lèvres bleues et invita sans cérémonie ses hôtes à prendre place autour de la petite table ronde décorée d'une simple nappe noire. L'ambiance était plutôt sombre, tamisée, une atmosphère à faire venir les esprits.

– Je croyais que l'esprit venait tout seul ? se permit Suitaume dans un chuchotement de bon aloi.

La blonde, plus platinée qu'une vis, se mit un doigt sur les lèvres… Ce qui veut dire dans toutes les langues, même celle des esprits, « ta gueule ! ». Suitaume, respectueux des idiomes, ne broncha pas. Irma, lui, ne parlait pas, tout à sa concentration médiumnique. Néanmoins, son œil gauche, à double visée ultra-divinatoire, semblait vallonner les rondeurs de sa voisine Purdey. La caissière en profita pour se pencher à l'oreille de Suitaume…

– Je m'appelle Aurore…

Elle n'avait rien de boréal.

– L'esprit de Mozart vient sans être appelé, mais Irma a besoin de réunir tous ses fluides pour maîtriser le flux de la concentration…

Voilà qui était soudain plus clair pour le commissaire. Un œil discret vers la pendule lui permit de constater qu'il était à présent 00h53… Plus que deux minutes à en croire les dires du voyant à l'oreille musicale. Suitaume regarda Purdey qui restait stoïque. Lui, se sentait un peu nerveux… C'était sa première séance de spiritisme.

Soudain, la petite fenêtre du fond s'ouvrit…

Car, avais-je oublié de vous le dire ? Il y avait une petite fenêtre au fond.

… et un vent froid envahit la pièce, un vent qui n'était pas de saison, un vent d'ailleurs, un vent d'outre-tombe ! Puis Irma se mit à trembler (les Gonesse) et à ruisseler… Ses yeux ressemblaient à ceux de Peter Lorre dans *M le Maudit*, ses dents commençaient à s'entrechoquer et ses lèvres amorçaient un balbutiement ; un léger murmure s'en échappa, presque inaudible puis plus clair… une sorte de mélopée s'éleva…

– *Confutatis maledictis*…

Le *Requiem* !

Aurore s'émoustillait déjà.

– C'est la voix de Mozart qui chante !

– *Helfen Sie es* !

– Il parle allemand ? s'étonna la pure Purdey

– Évidemment, il n'est pas moldave ! fit la blonde, jalouse de ne pas être Purdey.

Cela dit, je vais écrire directement la traduction en français parce que je ne me vois pas chercher dans le dico toutes les étonnantes trouvailles que je vais faire.

« *Aidez-moi !* », venait de dire le maître de Salzbourg ! Demandait pas mieux, Suitaume, pensez... Aider Mozart, quelle aubaine ! Pouvoir le sortir des limbes, lui rendre enfin la monnaie de sa pièce, lui qui l'avait tellement aidé dans ses moments d'incertitude, lui, l'archange de la musique, l'ami des muses, l'amuse des *mi* ! Un concerto, une sérénade, un opéra et tous les moraux étaient remontés (sauf les moraux cons, bien sûr) !

– *Aidez-moi !*

– Êtes-vous bien Mozart ? questionna Aurore ?

– *Je le suis... et je réclame vengeance !*

– Pourquoi ?

– *Parce que j'ai été assassiné et que j'erre de limbes en limbes depuis deux cent quinze ans, pas mal de mois et quelques minutes !*

– Comment avez-vous été assassiné ? se permit Suitaume

– *Par empoisonnement avec de l'*Aqua Tofana *!*

– Par qui ?

– *Par la loge maçonnique* Enfonzdenlbher *!*

Suitaume tiqua.

– Je croyais que votre loge était *Zur Neugekrönten Hoffnung, L'espérance nouvellement couronnée* ?

– Enfonzdenlbher *était une branche moins connue... mais plus active !*

Aurore jeta un œil mauvais à Suitaume, un œil noir qui n'avait rien d'un rosissant lever de soleil. À l'évidence, elle ne supportait pas qu'il lui ait pris la parole.

– Qu'attendez-vous de nous ? reprit la pompeuse.

– *Je pourrais parler avec une autre que la moche ?*

Aurore Bienrgardais en perdit son dentier.

– Goujat !

– Pourquoi vous a-t-on assassiné ? reprit le commissaire.

Silence.

– À cause de votre *Flûte enchantée* ? se risqua Purdey.

Notez que cette phrase a quelque chose de cavalier, surtout dans la bouche d'une femme comme Purdey.

Mozart n'eut pas l'air s'en formaliser.

– Non, quelle idée ? C'est parce qu'ils ont voulu tuer Louis XVI et que j'ai voulu les dénoncer !

– Louis XVI ?

– Oui ! Ahhhhhh !

Le corps d'Irma venait soudainement d'être secoué de spasmes violents, du tressautement terrible, de la convulsion sérieuse ! On aurait dit un prof de danse de Saint-Guy en train d'apprendre la gigue à un pendu de Montfaucon (*la gigue, la gigue !*)… C'était impressionnant ! Le voyant commençait s'allumer, à baver des ronds de chapeaux (et ce n'était pas beau !), à ressembler à Jeff Goldblum dans la mouche !

– Que se passe-t-il ?

Vous pouvez pas voir mais c'était Purdey.

– Je ne sais pas ! paniqua Aurore, c'est la première fois que cela arrive… Irma ?!

L'Irma en question n'était pas à l'écoute, était hors gonds. Jamais bon de se faire pénétrer par un autre (en matière d'esprit), dut-il s'agir de Mozart lui-même !

– Je… ah ! ma… flûte… partition… code … Ah ! Danger ! La grosse !

C'était titanesque, un vent de violence venait de souffler dans la région de chez Irma… puis le calme… Ses bras papillonnants retombèrent, sa tête s'affaissa sur sa poitrine dont les poils brillaient sous l'action conjuguée de la transpiration et de la lumière chandelière. À présent, il ânonnait quelques borborygmes quasi-inintelligibles... Mozart s'en était-il allé ?

Soubresaut !

– *Pauvre Mirabeau !* lâcha Irma-Mozart dans un soufle.

S'effondra.

La tenancière se précipita sur sa moitié qui moussait comme un demi...

Ce qui, pour un vendeur de bière, n'est pas stupide.

... et lui passa une éponge humide sur le visage en lui murmurant des mots dont nous lui laisserons l'entière propriété.

Car Gordon Zola a du savoir-vivre, pas l'auteur à s'immiscer dans la vie privée.

Peu à peu, Irma Bienrgardais revint à lui... et par la même occasion, aux autres. Il était plus pâle qu'à l'aller, le voyage interne avait dû être difficile également. Purdey et Suitaume attendaient avec une patience toute religieuse. Les yeux du cartomancien retrouvèrent enfin leur éclat.

– Alors, demanda-t-il, encore essoufflé, qu'a-t-il dit ? Lorsque je fais du don d'organe (de voix), j'entre dans un état catalytique et je n'entends pas ce qui est dit...

On lui résuma.

Il secoua la tête comme un prunier désespéré par un printemps trop long à revenir.

– Vous comprenez quel enfer je vis tous les soirs... quel cauchemar ! Il faut m'aider, monsieur le commissaire, il faut l'aider !

Le sus-nommé (pas par Purdey) acquiesça.

– Il vous avait déjà parlé de la mort de Louis XVI ?

– Non.

– Et Mirabeau, il vous a déjà parlé de Mirabeau ?

– Ah, oui ! Une fois... en disant qu'il n'aurait pas plus de chance que lui !

– Tout ça est bien étrange...

Et c'est un euphémisme (cf. plus haut).

Suitaume lissa sa belle moustache rousse...

Car pour tout ceux qui découvrent, les pauvres, le commissaire Suitaume, qui a pourtant déjà vécu de bien rocambolesques et calembourdesques aventures, sachez, que, fier de ses ascendances vikings, le fringant poulet portait moustache, de la belle rousse tombante, à la gauloise... Du Gaulois inféodé par l'homme du Nord, bien sûr.

– Purdey, ma mie, pourriez-vous me rappeler ce qu'a dit Amadeus au moment de sa crise ?

– Je... ah ! ma... flûte... partition... code ... Ah ! Danger ! La grosse !

– En effet, c'est baroque.

Façon de parler.

– En première analyse, je dirais que Mozart a laissé un code dans sa partition de *La Flûte enchantée*...

Réflexion.

– En seconde analyse... également.

– Mais ce code est sans doute la preuve de ce qu'il avance, raisonna Purdey.

– Fait, en effet, corroboré par le vol du manuscrit autographe au musée de l'opéra Garnier !

– Mais en quoi un code, quel qu'il soit, écrit il y a plus de deux cents ans, pourrait-il gêner quelqu'un aujourd'hui au point de tuer quatre personnes et d'engendrer un suicide ?

– C'est la question... À moins que...

Jeunes auteurs de romans policiers, chers amis, ce « à moins que... » est à l'œuvre policière ce que « et pourtant elle tourne » est à la science ! Songez qu'avec si peu de mots, c'est une machine à suspense que vous actionnez, un océan de mystères que vous dissimulez, une lune que vous promettez (comme disait Eschyle… pas Talon, le Grec), ce « à moins que » vous permet d'entretenir l'haleine de votre lecteur (et aussi de vous entretenir sur la laine de son dos), il transforme votre œuvre psychologique avec personnages psycho-franchouillo-complexes en véritable page-turner *à l'américaine ! Ce « à moins que » est une dynamite à succès, une formule qui peut vous rapporter gros !*

N'hésitez pas à venir suivre mes cours sur le polar intelligent donnés tous les quatre jeudis en chaire… et en os, à la Sorbonne.

– À moins que quoi, commissaire ?

– J'ai quelque chose à vérifier chez moi, allons-y !

Avant de remercier, saluer et quitter leurs hôtes, les deux policiers les engagèrent à prendre en note les moindres mots que proférerait Mozart le lendemain soir et d'en avertir le Quai des Orfèvres au plus vite…

Ils filèrent poussés par le vent de la nuit et le désir de pénétrer enfin le secret de ces terribles événements…

Ça en jette, hein ?

*
* *

11

Colchique est dans les prés !

Colchique Aurée, dont le nom de jeune fille était Suitaume, amorçait sa phase de dépression chronique en liquidant une boîte de douze esquimaux géants devant une télévision démoralisée par sa propre absurdité. La chanteuse broyait du noir avec un racisme effréné, alternant les grandes rivières larmoyantes et l'élaboration subtile d'une vengeance remarquable ! Son sale frère de policier voulait sa peau, sa belle peau d'artiste ! Alors qu'elle était sur le point de tutoyer le succès, ce Maigret de pacotille, ce Javert misérable qui attirait les meurtres comme les vaches normandes attirent les mouches bretonnes, lui inventait un meurtre ! Comme on le voit, Colchique Aurée rendait ses lettres de noblesse au mot paranoïa.

Tout à sa virulente colère, à son ressassement interne, elle n'entendit pas le léger bruit de verre brisé dans la salle de bain. C'était pourtant un bruit suspect que son oreille musicale aurait dû percevoir. Cette tragédienne de la scène lyrique rompue aux arcanes de toutes les duperies humaines que la fiction vole à la réalité aurait pu, à l'audition de cette incongruité nocturne, se dire qu'il se passait quelque chose d'anormal ! Elle n'en fit rien, cette brave grosse, ensuquée qu'elle était dans son glucose glacé, avachie dans son divan moelleux, enfermée dans cette tour d'ivoire du haut de laquelle elle jetait les miettes de son orgueil et les pierres de son courroux ! Elle ne vit pas non plus la porte du fond s'ouvrir légèrement sur une silhouette sombre et inquiétante et ne put donc saisir toute la surprise horrifiée qui s'affichait sur le visage de son visiteur.

*

Le coup de fil d'Horus l'avait d'abord surpris puis agacé ! Louxor n'était plus un enfant et il n'aimait pas trop qu'on le traitât de la sorte. Après tout, il avait accompli du très bon boulot et il réclamait plus les compliments que l'opprobre ! Horus était son père, certes, mais il ne devait pas oublier que Brutus avait été fils de César ! Que les *Tu quoque mi fili* n'étaient pas faits pour les chiens et qu'il pourrait très bien y avoir récidive ! Il pouvait toujours placenter un *bis repetitas*, lui réserver un chien de fusil de sa chienne de vie !

Oui, c'était vrai, il n'avait pas encore ramené la partition au *Grand Désorienté* comme c'était convenu… Et alors ?! Il avait eu d'autres chats à fouetter, ce grand garçon… 2, impasse de la Croquette, une maison sérieuse et glandestine où l'on fouettait bien pour moins de 25 euros ! Il était jeune et gaillard et avait eu tout un tas de fourmis à écraser dans la région du plaisir… Où était le mal ?

Une bévue, une bévue à réparer en urgence ! Est-ce que c'était de sa faute à lui si Osiris s'était laissé bêtement surprendre en pleine conversation avec

Imhotep quand ce dernier lui avait montré la chambre de Rupert Von Ruppett ?! Maintenant, il devait régler l'affaire de la chanteuse ! Le témoin malheureux ! La Reine de la Nuit, rien que ça ! En plus, il fallait la travailler aux petits oignons, ne pas l'occire… C'était contre les principes de la Loge que lui enseignait Horus… La Loge ne faisait exécuter que les traîtres à la cause, les internes, les réfractaires au progrès rapide !

On lui avait donné *passage des Postes* comme adresse, tout près de la rue Mouffetard. En sortant du métro, vêtu de noir avec juste un petit sac à dos, Louxor avait croisé quelques exaltés qui hurlaient leur amour de la révolution et qui s'essayaient à être les nouveaux leaders d'une cause qu'ils ne comprenaient sans doute pas… Louxor sourit. S'ils savaient, ces gueux, qu'on leur avait mâché le cerveau et qu'on y avait déposé des idées toutes faites, bien digérées pour leurs petites têtes de piafs, leurs cervelles d'oiseaux-mouches, qu'on leur avait délimité la ligne à ne pas dépasser, qu'on leur avait confectionné du bien et du mal... Farcis tout manichéens, les p'tits cons !

C'était papa Horus qui lui avait appris les règles de la vraie vie, celle où tout est faux ! Papa Horus qui lui refilerait les rênes du pouvoir occulte, les clefs de la Loge où se décidait tout ce qui était grand… Sourire… Papa Horus qui commençait à se faire vieux, à se ratatiner de l'intérieur, à se poussiérer les neurones… La prochaine fenêtre en étage serait pour lui, comme maman... Fallait savoir faire un peu de ménage dans la famille parfois.

Louxor venait de s'engager dans la petite ruelle pavée… de meilleures intentions que lui. La maison de la chanteuse était au 22 et avait la particularité de dater du XVIe siècle. Allumettes… 22 ! Il amorça un petit escalier branlant et craquant qui branla et craqua (d'où sa réputation). Au premier étage, il ouvrit la fenêtre du palier qui donnait sur une cour intérieure (qui n'avait pas de fors), l'enjamba et longea une petite corniche jusqu'à une nouvelle fenêtre aux losanges de couleur. Il brisa un des carreaux d'un petit coup de coude très sec, ouvrit et se glissa à l'intérieur, mettant un pied dans le bain et l'autre dans le bidet. Il retint un juron…

Car je suis intraitable sur les écarts de langage.

Le son d'une télé volubile lui parvenait aux oreilles. Son plan était très simple : entrer en catimini, carafonner la théâtreuse opératique, la jeter sur son épaule et l'embarquer dans sa garçonnière pour lui apprendre qu'il existait d'autres mondes que celui des compositeurs morts. En plus, on lui avait parlé d'une rousse pimpante… et il adorait les rousses, surtout pimpantes. Il se sécha le pied gauche pour éviter de faire floc et entrouvrit la porte de la salle de bain… Elle donnait sur un salon tout en longueur ; au bout d'icelui, une télé et un sofa… Et sur le sofa :

– !!!!!

Vous comprenez aisément pourquoi.

Un monstre regardait Ardisson !

Y'en a plein, vous me direz, mais là…Un tonnage hors norme, un gabarit de science-fiction !

Dans le plan de Louxor, de facture extrêmement simple, il y avait comme un bel accident à la clef, un bémol géant : la phase trois qui devait consister à jeter l'héroïne enchantée sur son épaule était fortement compromise, à moins d'accepter une luxation intégrale de son corps d'athlète ou de passer à travers un vieux plancher tout XVIe ! Ce serait bête !

Mais ce qui était plus bête encore, et il venait de le réaliser…

En même temps que moi, du reste…

… c'est qu'il était venu en métro ! Et donc que son plan extrêmement élaboré ne pouvait pas fonctionner… même avec un poids plume sur l'épaule ! Il pesta contre lui-même, s'en voulant de son inexpérience. Sur ce coup, il avait été léger… trop fier de la réussite du précédent.

Réflexion intense.

Il pouvait quand même appréhender la phase *one* : entrer en catimini. Il assura son automatique d'une main solide, remonta son col roulé jusqu'au nez et opta pour la coercition. Ça, c'était du génie… Improviser dans l'action, trouver la parade à l'élément perturbateur, ne pas se démonter devant l'adversité, même grosse. Il respira une grosse goulée, s'emplissant d'orgueil du même coup. Joignant le geste à la pensée, il entra en douce…

Colchique venait de sécher ses larmes et s'apprêtait à entrer de plein fouet dans le cycle dit de « l'ouragan vengeur ». Elle eut alors un réflexe intelligent et éteignit la télévision d'un coup de télécommande rageur. Un instant, elle crut ne pas avoir éteint mais simplement changé de chaîne, car dans le reflet du tube[11], un homme la regardait avec une arme à feu pointée sur elle.

– *Ne faites pas de geste brusque !* fit la voix en off.

Le problème pour Louxor fut que, pour Colchique, se retourner était un geste brusque ! Cela créa une sorte de courant d'air qui déporta l'incongru… déportation qui permit à la walkyrienne de mesurer toute l'ampleur dangereuse de la situation et de réagir *ad hoc* !

11. Attention les jeunes, ça ne marche pas avec un écran plasma…

Comme quoi, les jeunes, ne négligez pas le latin, il peut vous aider dans des conditions difficiles.

Colchique Aurée, ne l'oublions pas, était la sœur du commissaire Guillaume Suitaume, meilleur profileur de France... Une fratrie qui laissait à désirer, certes, mais le lien du sang existait quand même. Et dans la famille Suitaume, personne ne s'était jamais laissé marcher sur les pieds sans réagir. Profitant de ce que les meilleurs auteurs de romans policier appellent un effet de surprise...

... et que j'appelle, moi, un effet de surprise,

... la chanteuse, de toute la force de son contre-ut, se rua sur l'incohérent ! N'importe quel organisateur de championnat de boxe ou de catch aurait interdit une telle rencontre tant les forces en présence étaient disparates, inconséquentes, inhumaines ! Les moutons qui traînaient au sol furent dispersés par l'arrivée de la bergère attaquant le p'tit loup ! Imaginez une bibliothèque de 400 livres qui vous tombe dessus et vous aurez une idée de ce que ressentit Louxor ! Ajoutez que la bibliothèque vous fait des gros yeux verts et globuleux, qu'elle porte une masse imposante de cheveux roux et bouclés et que son cri de guerre est un mélange de *L'Or du Rhin*, de Foster Jenkins, de *La Flûte enchantée* et d'un yodle de la Basse-Autriche et cette idée ressemblera étrangement à un film de Fritz Lang (si je ne m'abuse) ! On pourrait sans exagérer dire que le jeune Louxor en avait gros sur la patate ! Pourtant, il possédait tout un arsenal d'attaque et d'autodéfense qu'il mit en œuvre pour se défaire de la sangsue hurlante... Coups de pied désordre, tranchant de mains volages, coups de tête en l'air, jeux de bassin méditerranéen, coups de poing dans le vide... Rien n'y faisait ! Pour ne rien arranger de ses affaires, dans le feu de l'action, son arme avait valsé à l'autre bout de la pièce. À présent, Louxor était sur le dos et ressemblait à un poisson hors du bocal, un poisson de plus en plus rouge… La baleine était à cheval sur le lui et commençait à lui alterner les paires de baffes (mandales serait plus juste) et le coup de la tête tapée au sol…

– Qu'est-ce que tu fais chez moi, petite morue ?

Louxor aurait bien aimé lui dire que la morue, c'était pas lui, mais il n'était ni en position, ni en état d'énoncer un truc pareil !

– Tu en voulais à mon honneur, c'est ça ? Te faire un petit plaisir sur le dos de la bête ?!

– Hggrlllg !!!

– Tu oses l'avouer en plus ! Tu oses dire que tu voulais abuser de moi, me harceler sexuellement, faire de moi un objet de désir inavouable ? Tu n'as pas honte, espèce de butor !

– Mmm gluuur !

– Tu crois que c'est une explication valable ? Tu penses que les jeunes filles ne savent pas se défendre…

Non, il ne pensait pas ça… Il ne pensait plus, d'ailleurs. Heureusement, le cachalot desserra un peu son étreinte, ce qui permit au jeunot de crachoter quelque chose qui ne manquait pas de réflexion…

– Admi… ra… teur…

Moby Dick tendit l'oreille.

– Pardon ?

– Je… suis… un de vos plus fervents… admirateurs, reprit-il son souffle, je suis… désolé.

Elle sourit dans l'ombre, la sirène des grands fonds… Quel grand bêta ! Être désolé d'être un admirateur.

– Pourquoi ne pas me l'avoir dit plus tôt ? Nous aurions évité ce désagrément… Je ne suis pas un monstre.

Ça, c'est elle qui le disait. *Si j'en avais eu le temps,* songea Louxor, *c'est dans la tronche que tu l'aurais eu, le désagrément ! Format couleur avec étoiles en prime et bosses de grand huit !*

La mégère se désencalifourcha de sa victime ; son visage avait muté serein, un peu guilleret même.

– Vous m'avez aimée dans quoi ?

Prudent, Louxor recula en reptation fessière jusqu'à son arme qui moutonnait toujours dans la poussière sous une table basse. À bonne distance de la dangereuse, il se jeta sur son browning et se releva, menaçant.

– Dans le rôle de la grosse vache, grosse vache !

– Ahhhhh !

Elle éberluait de tous ses yeux. Elle venait d'être mystifiée !

– Tu ne crois quand même pas que j'ai du temps à perdre à aller écouter des jérémiades vocalisées dans des costumes de fête foraine ! Tu vas passer un manteau pour cacher tes oripeaux, ton horrible peau ! Je t'emmène faire un tour.

– Où ça ?

– En bateau-mouche.

Colchique avait soudainement perdu le goût du verbe, le goût des choses. Se découvrir un admirateur et un violeur hypocrite dans la même minute était au-dessus de ses forces ! Machinalement, elle enfila une gabardine extra-large qui pendait à une patère austère et gagna la porte d'entrée sous la menace du paltoquet tout souriant de s'en sortir sans côtes brisées.

Non seulement, Louxor se trouvait bon mais de mieux en meilleur ! Dans l'arbre de l'efficience, il sautait de branche en branche… L'inédit et l'imprévu l'inspiraient.

12

ÇA TROMBONE EN COULISSES

Lorsque les deux policiers arrivèrent passage de la Poste dans l'appartement de Suitaume, le commissaire ne mit pas longtemps à comprendre ce qu'il venait de se passer. Sa sœur était une tornade blanche inversée, une hystérique du ménage mal fait, une femme d'intérieur introvertie qui ne donnait qu'un seul sens au mot foyer : le feu qu'elle mettait chaque jour sous les pieds de son frère. Elle avait une définition très personnelle du rangement, un certain vice pour le repassage des chemises, elle se sentait plus bergère (pour garder les moutons) que Tornado (pour les aspirer), dans *Singer* elle n'entendait pas machine à coudre mais chanteuse et elle préférait casser la vaisselle que la faire… mais son talent n'allait pas jusqu'à ravager un salon de la sorte ! Table en l'air, sofa retourné, glace fondue léchant le tapis persan, pop-corn répandu, télé explosée et trois lattes du parquet totalement défoncées ! Y'avait eu bagarre ! Inquiet, Suitaume courut à la chambre de sa nièce, Charlotte-Axelle : vide ! Il paniqua une demi-seconde puis songea qu'elle était en pension. Soulagement. Il ne supportait pas (sauf financièrement) cette gamine arrogante, gothique, anorexique, en perpétuelle rébellion contre elle et les autres, cette représentante d'une jeunesse sans repères qui pensait que le monde devait tourner autour d'elle alors qu'il avait déjà bien du mal à tourner sur lui-même ! C'était une coléreuse qui crachait sur le portrait de sa mère, une fugueuse qui connaissait tous les commissariats de France, une délinquante en puissance qui osait imaginer des choses que le code des truands ne revendiquait même pas… Comme sa mère, c'était une emmerdeuse, mais elle restait sa nièce ! Il y avait ce fichu lien du sang plus fort que tout...

En revanche, un petit tour rapide du propriétaire confirma l'enlèvement de Colchique. Suitaume revint dans le salon, l'air absorbé.

– Celui qui a fait ça devait savoir que c'était bientôt mon anniversaire !

Le policier cachait son inquiétude derrière la dérision. Vieux réflexe.

Purdey la parfaite était déjà en train de remettre un peu d'ordre dans le chaos.

– Vous croyez qu'à travers votre sœur, c'est à vous qu'on en veut, commissaire ?

Suitaume songea d'abord qu'à travers sa sœur, on ne voyait pas grand chose mais s'abstint…

– À première vue, oui…

– Une vieille vengeance ?

– Cela m'étonnerait, à moins que…

Non, je plaisante, je ne vais pas vous la refaire, celle-là… mais vous voyez l'esprit, les jeunes ?

– Qui pourrait en vouloir à Colchique ? reprit le profileur. Une chanteuse lyrique au chômage… pas de quoi faire pavoiser un ravisseur en puissance.

– Vous savez ce que je pense, commissaire ?

Suitaume était comme vous, il l'ignorait.

– Je pense qu'on vient d'enlever mademoiselle Aurée à cause de cette histoire de *Flûte enchantée* !

Étonnement.

– D'où vous vient cette idée, ma douce ?

– De là !

Purdey venait de redresser le sofa. Dessous était dissimulé un vieux document tout jauni. Suitaume poussa une interjection (*je ne sais pas comment cela se filme*) et se rua sur l'objet qu'il prit délicatement.

– Incroyable ! C'est la partition autographe de Mozart volée à Garnier !

– Non ?!

Puisqu'il te le dit !

– Le ravisseur devait l'avoir sur lui et l'a perdu dans la bagarre…

Purdey entra en réflexion comme on entre dans les ordres.

– Et pourquoi ne serait-ce pas votre sœur qui aurait volé le manuscrit ? risqua la jeune femme, dont le physique de rêve permettait toutes les audaces.

Fort étonnement.

– Ma mie, je rends hommage à vos dons d'imagination et à votre sens policier inné qui vous pousse à explorer toutes les pistes, même les plus extravagantes, mais le bon sens m'oblige à dire que vous vous fourrez le doigt gauche dans l'œil jusqu'à la clavicule droite ! Réfléchissez un instant… Il y a une impossibilité matérielle dans ce que vous dites !

– Un alibi, peut-être ?

– Non. Elle n'aurait jamais pu passer par le vasistas de l'opéra Garnier !

Un profileur, c'est ça.

Une lueur d'incandescente admiration ravagea le regard de Purdey qui baissa les paupières pour ne blesser personne.

– Non, Purdey, c'est Louxor… Louxor le petit merdeux, le bras armé d'une organisation vengeresse, qui est venu faire cette sale besogne. La question est : pourquoi ? Pourquoi Colchique ?

– Une rançon ?

– Impossible ! Une monnaie d'échange peut-être… pour m'empêcher de continuer l'enquête. Sans doute sentent-ils que nous sommes près du but... De toutes les façons, nous ne pouvons pas faire grand chose pour le moment… En plus, vous tombez de sommeil, Purdey… Vous allez prendre la chambre de ma nièce et je vais attendre près du téléphone, au cas où les ravisseurs appelleraient.

J'ai vu ça dans les films.

Purdey ne contesta pas. Son beau minois était en effet altéré par les affres d'une journée éprouvante. Mais elle était néanmoins un peu gênée… C'était la première fois qu'une telle situation se présentait. Sans être totalement prude, Prune avait le sens des conventions (hélas)… Devait-elle accepter une telle invitation ? Faite dans les règles de l'art et de la bienséance, elle en convenait… mais seule, chez son supérieur hiérarchique… supérieur avec lequel elle entretenait depuis un certain nombre d'années de chastes relations, bien sûr… mais parfois d'une extrême ambiguïté. Elle n'était pas dupe de ses sentiments refoulés… Comment réagirait-elle si la bête qui sommeillait en tout homme se réveillait soudain chez Suitaume (justement chez lui) ? Comment prendrait-elle les choses en main (*si je puis dire*) ? Elle se savait femme de parti pris mais pas de parties prises. Au-delà de ce respect mutuel que confère le travail bien fait, s'était nouée une sorte d'amitié sincère et solide, mais l'amitié était-elle un concept durable entre un homme et une femme ? Vieux débat cornélien qui alimentait, en exemples de toutes sortes, deux magazines *people* sur trois. Derrière le masque du métier, Purdey avait des ambitions fessières, comme tout le monde… Le feu sacré était une chose, mais le feu au… enfin bref ! Purdey était une raisonneuse et elle cornelia un peu plus le débat tandis qu'elle se rendait dans la chambre en question.

Suitaume regarda cette bombe anatomique partir exploser ailleurs. Il se demanda si la proposition qu'il venait de faire à sa subalterne était raisonnable… Malgré l'âpreté de la situation dramatique, il se sentait du picotement mesquin entre l'Aisne et le Bas-Rhin. Il se doutait depuis ces années de vie professionnelle commune qu'un courant chaud passait entre eux, un *gulf stream* délétère qui pourrait les faire sombrer dans une terrible bacchanale du jour au lendemain. L'amitié était-elle un concept durable entre un homme et une femme (*bis repetitas placent*) ? Vieux débat cornélien dont toutes les errances licencieuses peuplaient les manuels ! La réponse par l'exemple dans ce genre de philosophie était mauvaise conseillère. Suitaume se désespéra un peu plus et abandonna son érection à la plénitude de la nuit.

Demain serait un autre jour.

*

« Comme nous l'avions prédit, Claire Chazal, Nick Sarkos n'a pas perdu de temps. Au lendemain de son investiture, il met en place ce que son gouvernement appelle des mesures d'urgence et les syndicats des menaces ! Son premier chantier, le plus chaud, est l'abolition des trente-cinq heures et il s'y atèle avec toute l'énergie médiatique qu'on lui connaît !

– Qu'en pensez-vous, Carmina Lapouge, en direct de la rue ?

– En tant que journaliste, Claire, je ne suis pas là pour penser mais pour transmettre l'information, cependant, vu la situation et puisque vous me demandez de transgresser, chère Claire, je vous dirais que c'est une régression sociale évidente ! Des millions de Français vont devoir retrousser leurs manches un peu plus haut !

– Redonner de la valeur au travail, peut-être ?

– À l'argent, Claire, redonner de la valeur à l'argent ! Enfin, au goût de l'argent qu'ont certains groupes puissants !

– Nick Sarkos ne dit-il pas que « partager le travail, c'est surtout partager le non travail » ? Qu'entend-il par là ?

– Je crois, Claire, que par là, il n'entend pas grand chose ! Je plaisante, il veut dire qu'il faut produire pour travailler et trouver de nouveaux débouchés et non pas partager ce qui est en train de pourrir sur place !

– N'est-ce pas une idée intéressante ?

– Je vois (rire) que vous cherchez à garder votre place, chère amie !

– Mais pas du tout ! Je me fais l'avocate du diable !

– Méfiez-vous de défendre le diable, il pourrait vous pousser des cornes !

– Ne mêlez la vie privée à ce débat, Carmina !

– Excusez-moi.

– Pourriez-vous faire un peu d'interview-trottoir pour prendre la température de la foule excitée ?

– Bien sûr, je suis là pour cela, ma chère… Ah ! je vois une viei… une personne à l'âge noble qui s'avance vers moi… Madame, que pensez-vous du résultat des élections ?

– Je suis très heureu…

– Merci madame, ah ! un autre candid… passant anonyme, que je sens agité d'une colère profonde et motivée ! Monsieur, votre profession s'il vous plaît ?

– Poissonnier !

– En effet. Êtes-vous pour le retour aux 43 heures préconisé par Nick Sarkos, votre nouveau Président de la Raie publique ?

– Oui.

– Bonne journée, monsieur. N'est-ce pas un jeune garçon que je vois là plein d'une fougue rebelle ? Si je vous dis Nick Sarkos, vous répondez quoi ?

– Je vous dis merde !

– Ah ! Le fier et impétueux jeune homme ! Brave jeunesse conquérante ! Donnez-nous toute la valeur de votre témoignage sincère et touchant ! Vous savez que vous allez travaillez plus, dorénavant ?

– Le travail c'est l'esclavage ! À bas l'travail ! 35 heures, c'est déjà trop ! L'autre bâtard y met plus !

– Vous faites combien, vous ?

– T'es ouf toi ?! Moi, j'fais rien ! J'suis pas un bâtard !

– C'est quoi un bâtard ?

– C'est comme l'autre bâtard, là !

– Et aujourd'hui, vous voulez hurler votre saine colère ?

– Bien sûr ! *Je hurle comme un renégat, les gars ! Je hurle comme un rebelle, les belles ! Je hurle comme un loup, whaou ! Et je cadence mon pas, et je cadence ma voix ! S't'es pas à l'écoute, comment tu v'pas que je doute ? La société m'enfile et moi je suis barbouillé, la société m'enroule dans du fil barbelé ! S't'as pas la haine, s't'as mauvaise haleine, on t'met dans un ghetto, on t'met dans un frigo ! Yo ! À bas la politique ! À bas les potes qui t'niquent ! À bas Polytechnique ! À bas la mère qu'on nique ! À bas le porc qui pique ! À bas la poule ovnique ! Avale à dubrovnik ! Carm'na Lapouge, j'te nique ! À bas...*

– Bien ! Merci, jeune homme, merci à cette belle exubérance de la jeunesse ! Claire, vous avez là une belle représentation de mécontents, Claire...

– En effet.

– Le grand meeting public prévu à la Concorde après demain, au cours duquel Nick Sarkos doit venir saluer ses électeurs, risque d'être extrêmement agité...

– Annulé, peut-être ?

– Non. Nick Sarkos a prévenu qu'il ne se laisserait pas intimider par la racaille !

– Vous y serez, Carmina ?

– Évidemment, Claire. Carmina Lapouge, toujours présente là où ça bouge !

– Hey Lapouge ? T'veux que j'te montre où ça bouge, yo ?

*

Chez le policier, le téléphone n'avait pas sonné de la nuit et les deux tourtereaux avaient pu dormir du sommeil du juste... un juste platonique. La nuit de Suitaume avait été salvadordalienne, peuplée de notes de musique géantes, de portées élastiques, de clef de fa à même le sol, de trompettes mal embouchées, de timbales en argent, de violoncelles de mer, de trombones en forme de pieds à coulisse et de toutes sortes d'objets en suspension ! Mozart lui-même était apparu ... avec son équerre et son compas. Il avançait vers Suitaume poussant une brouette dans laquelle étaient posées d'immenses pages de partitions ensanglantées ! Rupert Von Ruppett passa en courant comme un fou poursuivi par un serpent à pattes ! Puis quatre individus habillés de tabliers de cuir apparurent, se saisirent de Suitaume et le ligotèrent avec du fil de portée. Mozart surgit de nouveau, porteur d'un grand couteau, et vint planter ses feuilles de musique dans la poitrine du policier... qui se réveilla en sursaut, en sueur et en hurlant !

– Qu'est-ce qu'il vous arrive, commissaire ?

Purdey la divine arrivait de la cuisine avec deux tasses de café aussi fumant que la situation.

– Un cauchemar ! Horrible ! Mozart a voulu me tuer !

Purdey sourit.

– C'est bon signe.

– Vous trouvez ?

– C'est une parabole. Racontez-moi vite avant d'oublier, j'ai suivi une excellente formation d'interprétation des rêves.

Avec Purdey la magnifique, Suitaume tombait toujours du charybde de la surprise en scylla de l'enchantement. Il raconta...

Je ne recommence pas, vous savez déjà... Mon éditeur me reprocherait de faire du remplissage.

Purdey prit des notes rapides puis elle dessina des flèches et des ensembles, fit des diagrammes, des schémas, des petits dessins... (elle avait eu une formation compète).

Vu sa plastique, j'adhère.

– C'est très simple, commissaire.

Il fut heureux de l'apprendre, tellement de choses

étaient compliquées.

– Dans votre moi (qui est à lui), dans votre subconscient si vous préférez, vous avez déjà résolu un certain nombre d'éléments, compris des choses que vous n'avez pas encore mis bout à bout…

– Les pièces du puzzle ?

– En effet. Mais votre psychique en a fait une synthèse élaborée qu'il a traduite en images… qu'il a en quelque sorte interprétée à votre insu…

– Une sorte de caméra cachée, en somme.

– Belle image, assez juste du reste, une caméra cachée de l'inconscient.

Message aux iniques pondeurs de scénarios de télé-réalité : prière de ne pas me piquer le concept avant de m'en avertir d'un chèque substantiel que je reverserai intégralement à l'association des auteurs de talent, amusants et en détresse dont je suis l'unique membre.

– Bien, Purdey, j'ai compris le comment ; le pourquoi maintenant…

– J'y viens.

J'y viendrais bien avec elle.

– Votre subconscient vous engueule ! Par le biais de Mozart et de sa brouette, il vous dit que la solution se trouve dans la partition ! Au point qu'il vous fait poignarder pour que vous vous réveilliez... dans les deux sens du terme !

Main éclatée sur le front.

– La partition, bien sûr !

Suitaume se jeta sur le manuscrit qu'il ouvrit. La fatigue et les pensées cochonnes de la veille lui avaient ôté toute faculté de réflexion et il n'avait pas pensé à s'occuper du manuscrit. Il admira ces lignes parfaites, toutes ces notes posées sans rature au fil des portées, ces fulgurances de génie, ces quelques chiures de mouche qui, transportées vers un orchestre, donnaient une musique céleste ! Suitaume tourna quelques pages, passa l'ouverture, chercha un indice, un détail... Mais rien de spécifique ne lui apparaissait.

– Je ne vois pas...

– Commissaire, hier soir, chez Irma, quand je vous ai demandé quel code écrit il y a deux cents ans pouvait être assez terrible pour engendrer autant de morts aujourd'hui, vous m'avez répondu : « c'est la question, à moins que... », et nous sommes venus chez vous... À moins que quoi ?

On y revient. Vous pensiez que je vous l'avais oublié, celui-là ?... Z'avez pas tort. Heureusement que ma correctrice est là pour mettre le doigt sur mes incohérences.[12]

– Bravo Purdey !

Suitaume se rua dans sa chambre à la vitesse d'un drakkar poussé par un vent arrière. Il en revint avec le livre des correspondances de Mozart emprunté dans la loge de Ruppett.

– Je pense qu'il y corrélation entre la mort du chef et celle de Mozart ! Il avait souligné tous les passages qui ont trait au compositeur et à la maçonnerie, pourquoi ?

– Parce que maçon lui-même et musicien, donc intéressé par simple curiosité, avocat-du-diabla Purdey.

– J'y croirais si les trois morts en présence, Ruppett, Holderpüp et Zedor, n'étaient pas logés à la même enseigne : le *Grand Désorienté* ! J'y croirais si Mozart ne nous était pas apparu chez Irma en clamant

12. Incohérence : Manque d'accord, d'unité, de lien logique entre des parties, entre les éléments d'un ensemble. Juste pour le cas où il y aurait des petits malins à pensées libidineuses.

son assassinat et réclamant sa vengeance ! J'y croirais enfin, si cette partition de *La Flûte enchantée* n'avait pas été volée ! Partition, je vous le rappelle, entièrement maçonnique ! Non Purdey, si Von Ruppett a souligné toutes ces lettres, c'est parce qu'il soupçonnait l'implication de la maçonnerie dans la mort de Mozart…

– Mais pourquoi en faire tout un fromage, aujourd'hui ?

Ça, c'est pour justifier le titre *Mozart est là !*

– Parce cette mort odieuse et injuste d'il y a deux cents ans cache autre chose ! C'est cet *autre chose* qui a déclenché l'exécution de Ruppett ! Cet autre chose qui a causé le suicide de Zedor, l'assassinat de Zelda Holderpüp et probablement la liquidation de l'inconnu sur le toit de l'opéra !

Suitaume était à présent bien réveillé et tout excité. Ses neurones avaient retrouvé toute l'énergie nécessaire pour repartir à l'attaque de la pollution saloparde !

– Il faut absolument faire la lumière sur ce code ! Tout vient de là ! Purdey, renseignez-vous pour savoir qui est le plus grand spécialiste de Mozart en France ! Je crois qu'il faut qu'on mette les bouchées doubles !

N'allez pas y voir un sens pervers, c'est du premier degré.

*
* *

13

Flûte, c'est le code !

La gifle fit mal. Sans doute plus moralement que physiquement. Une belle gifle tout en aller-retour, Paris-Salzbourg en TGV (Très Grande Volée). Louxor baissa les yeux devant le regard pénétrant et dur d'Horus.

– Incapable ! Non seulement tu ne ramènes pas la partition comme je te l'avais ordonné, non seulement tu perds cette partition, mais en plus, tu la perds chez Suitaume ! Suitaume l'emmerdeur ! Le policier le plus chiant de France mais aussi le plus redouté ! Tu crois qu'il va en faire des confettis ?! C'est le meilleur dans sa partie, un profileur hors norme, hors concours !

– Mais P'pa !

– Horus ! Ici, je suis Horus ! Et ce n'est pas fini… Non content de perdre un objet aussi compromettant pour notre Loge, tu nous ramènes sa grosse vache de sœur ! Mais qu'est-ce que tu as dans le cigare ? Qu'est-ce qu'on va en faire, de la tourte qui n'arrête pas de chanter depuis deux heures du matin le grand air de Norma ? !

– Je peux la torturer, si tu veux ?

– Mais bien sûr, mon loupiot, la torturer, la travailler en férocité, comme dirait l'autre… Mais pour quoi faire, abruti ?!

– Pour savoir ce qu'elle sait.

– Mais triple buse, on le sait déjà ce qu'elle sait ! Elle a vu Imhotep ouvrir à Osiris ! C'était donc Imhotep qu'il fallait exécuter pour réduire à néant l'éventuel témoignage de la grosse ! On va être obligés de s'en débarrasser, maintenant… et c'est contre la règle de la Loge ! Nous ne sommes pas la Mafia mais un ordre de progrès ! Nous montrons la lumière au peuple, pas la mise au tombeau !

Ça, c'est très fort. Réfléchissez à cette phrase d'apparence anodine et admettez toute la profondeur chrétienne de l'auteur.

Louxor était un peu dépassé par les événements.

– Je fais quoi, alors ?

– Tu te concentres sur l'essentiel : ta prochaine mission ! Tu ne penses qu'à ça et tu l'exécutes, c'est clair ?!

– Oui p'pa… Horus.

– Une fois le travail fait, nous éliminerons Suitaume !

– Mais, il ne fait pas partie la Loge...

– Ta gueule !

*

Purdey trouva rapidement l'information souhaitée. Dès son arrivée au Quai des Orfèvres, elle se jeta sur l'ordinateur, tapa « *coup de gueule* », le moteur de recherche qui vous facilite le vit, et entra bêtement l'occurrence « meilleur spécialiste de Mozart ». Le nom magique apparut : Colbert de la Gestonne, l'homme qui connaissait la vie, l'œuvre et tous les secrets du compositeur. Coup du sort, il habitait rue Salieri (car il y a une rue Salieri). Purdey ne perdit pas de temps en conjectures oisives (comme c'est bien souvent le cas dans une bonne conjecture) et fila dans l'arrondissement idoine plus vite qu'une couturière de chez Singer.

Elle trouva le bonhomme au pied du lit et s'apprêta à lui poser quelques questions au pied levé. C'était un type, non plutôt un monsieur, ébouriffé total, de taille moyenne, un peu râblais avec des épaules trop carrées pour faire le dos rond...

Ce qui prouve que l'on peut être râblais sans faire le mouton de Panurge.

... avait aussi une tête énorme que le spécialiste de tête énorme appelle macrocéphale...

Ne pas confondre avec poilocéphale : tête poilue qui n'attache pas.

... une tête énorme, du volume terrible ! Sa chevelure épaisse était jointe vers l'arrière avec un catogan noir... Visiblement, il dormait avec.

Macrocéphale mais microhygiène.

– Plaît-il ? dix-huitièmesiècla-t-il.

– Purdey Prune, Police !

– J'admire la première, je conchie la seconde !

– Police quand même !

– À cette heure-ci ?

– Il n'y a pas d'heure pour réveiller les bonnes consciences.

Sens de la réplique de l'un et étonnement de l'autre.

– Devrais-je avoir à rougir de ma conscience ?

Il avait du verbe pour cette heure matinale et une telle bouche pâteuse.

– Rougir, peut-être pas mais l'embellir, certainement. La police a besoin de vous.

– Entrez, dit-il, aussi civil que curieux.

Purdey pénétra un univers confiné qui paraissait être l'antre d'un philosophe des Lumières (l'électricité en plus). La pièce principale du petit appartement était une sorte de mausolée à la mémoire de Mozart, du souvenir accroché à tous les murs.

– Je suppose que vous venez au sujet du vol de la partition ?

– Entre autres choses… Vous êtes donc déjà au courant ?

– Bien sûr. Rien de ce qui touche le maître ne m'échappe… Je suis aux premières loges !

Purdey nota l'allusion maçonne… Ça pourrait servir...

– Quelle aide puis-je vous apporter ?

– Une première question toute simple : pensez-vous que Mozart ait été assassiné ?

La jeune femme avait sa propre vision des questions simples.

Le macrocéphale lui répondit d'un éclat de rire du genre qui vexe.

– Quelle idée ! Voilà bien une théorie qui a la vie dure ! Et pourquoi, grand Dieu, ce génie aurait-il été tué ?

– Je vous le demande ! Sa *Flûte*, par exemple… Cela aurait pu déplaire à la maçonnerie qu'il vulgarise ses rites, non ?

– C'est stupide ! Vous décontextualisez la chose, comme tous les amoureux du complot !

– C'est une question

– Qui n'appelle qu'une réponse, non ! Mozart est entré en loge en 1784 et dès 1785, l'Empereur Joseph II, craignant une trop forte influence des maçons, a réduit la quantité des loges qui tombèrent les unes après les autres pour se reformer en une seule plus fééératrice, *Zur Neugekrönten Hoffnung, L'espèrance nouvellement couronnée...*

– La loge de Mozart ?

– Précisément, et l'Empereur exigeait de tout savoir de ses membres et de ses activités... Voyez que le secret maçon dans ces conditions en prend un sérieux coup dans le mystère ! La dernière liste que nous connaissons date de 1790 et grâce à elle nous savons exactement qui en faisait partie aux côtés de Mozart. Le comte Nicolas Esterhazy, par exemple, le protecteur d'Haydn... Nous savons que le grand ami d'Amadeus, Schikaneder n'y était pas, malgré une idée répandue...

Si vous vous souvenez de l'ouverture de ce livre, vous voyez comment l'historien spécialiste se gratte le fond de l'œil avec le genou !

– En revanche, le futur éditeur de *La Flûte enchantée* y figurait en bonne place. Pour résumer, un peu avant la mort de Mozart, la maçonnerie n'avait plus aucun pouvoir, voire était discréditée... Alors comment imaginer que les maçons auraient pris ombrage de l'écriture d'un opéra populaire qui ne pouvait que redorer leur blason terni ? Si vous voulez mon avis, mademoiselle Prune...

Elle le veut ducon puisqu'elle est venue pour ça.

– Je pense que *la Flûte* n'est autre qu'une commande de la franc-maçonnerie pour essayer de sauver l'idée même des loges !

Purdey était songeuse. Elle ne se voyait pas dire à Colbert de la Gestonne que Mozart était venu leur dire en esprit propre qu'il avait bel bien était assassiné par ses frères ! Mauvais genre pour une police sérieuse.

Elle subterfugea.

– Nous avons retrouvé une lettre inédite de Mozart.

La grosse tête se leva d'un bond en faisant les gros yeux.

– Comment ?! Impossible ! Où cela donc ?

– Secret d'enquête. Mais une chose est sûre, il dénonce ses petits camarades...

– Mais c'est impensable ! Pourquoi ?

– Il dit que la loge projetait l'assassinat de Louis XVI !

Le « spécialisé » était en train de perdre un œil.

– Montrez-moi cette lettre !

– Certainement pas. Mais il y a autre chose...

Hagard comme Saint-Lazare après s'être levé et avoir marché.

– Il écrit aussi qu'un code se trouvait dans sa partition de *La Flûte* !

Un instant, Purdey faillit lui demander où se trouvait la cuisine pour aller chercher une petite cuillère mais La Gestonne se restructura peu à peu, retrouva ses sens et son sens. Il se rassit comme un homme qui vient de prendre un coup de vieux en plein quinquennâge.

– Le fameux code, soupira-t-il dans un souffle presque moribond.

Pensez que Purdey ne laissa pas passer une telle réflexion.

– Vous dites, cher monsieur ? Vous avez eu vent d'une histoire de code ?

– Pouvez pas comprendre...

– J'aimerais essayer, si vous n'y voyez pas d'inconvénient.

– Je... cette lettre... c'est... c'est inespéré ! Il écrit

vraiment qu'il y a un code dans la partition ?

Il y avait des larmes dans ses yeux. Cette grosse tête était un romantique à la petite semaine.

- Vous pouvez me dire au moins de quand elle date ?

- Heu... du 5 décembre 1791.

- Le jour de sa mort ? Il a écrit cette lettre le jour de sa mort ?

Purdey commençait à être agacée.

– Je vous écoute, monsieur de la Gestonne ! dit-elle du ton de la maîtresse-femme que tout homme aimerait avoir pour maîtresse.

– Ce code est une sorte de légende dans les milieux musicologiques, un serpent de mer, un mythe ! C'est le Sphinx ! Derrière l'apparence de la simplicité populaire, de la mélodie facile et du texte presque enfantin, cette partition est écrite tout en symboles maçonniques, tout un tas de signes empruntés à l'ordre... Ce n'est un secret pour personne. Si vous regardez bien, l'œuvre entière est dominée le nombre symbolique de trois : trois bémol à la clef dans la tonalité principale, trois enfants, trois dames, une structure tripartite... Mais au-delà de ces signes évidents, le bruit a très vite couru que Mozart y avait glissé un message, une sorte de code. Bien sûr, vous connaissez le goût des gens pour le mystère, une petite phrase et on échafaude les plans et les théories les plus compliquées.

– Il n'y a jamais de fumée sans feu, philosopha Purdey, qui connaissait par cœur son dictionnaire des citations. Comment est née cette rumeur ?

– D'une lettre de Schikaneder un peu avant sa mort à Vienne en 1812 où il évoque cette théorie de façon un peu trouble... Mais il mourut d'une maladie mentale alors comment prendre cas de ses assertions ? Délire de malade ? Réalité ? La popularité posthume de Schikaneder n'est due qu'à son association avec Mozart et il le savait…

– Cette histoire de code n'est jamais allée plus loin que ça ?

– Beaucoup d'amateurs ont essayé d'en chercher la signification dans l'écriture musicale elle-même, sans résultat… Mais évidemment, peu de personnes ont pu étudier la partition originale sous cet aspect.

Purdey, tout en souriant de ce sourire à désarmer les pires trafiquants d'armes, sortit l'épais manuscrit autographe de son sac.

– Justement, monsieur de la Gestonne, c'est un peu l'objet de ma visite !

Effet garanti !

La jeune policière mit un quart heure à réanimer le pauvre Colbert, écroulé sur le sol de son vieux parquet parisien. Une fois revenu à une meilleure réalité, le spécialiste se délecta de la partition, y posant des mains pleines de doigts délicats, des yeux bourrés d'amour et des hypothèses audacieuses sur le sens du secret… Il connaissait la musique presque par cœur pour l'avoir maintes fois écoutée livret en mains. La première phase d'émerveillement passée, La Gestonne chaussa ses lunettes à double foyer dignes d'un pompier volage et commença un examen minutieux de chaque page. Le mozartien était un bon (il avait fait l'école des Mozart)… Il fit un inventaire complet du manuscrit et essaya tout, gommage, grattage, épilage, chercha par tous les moyens à faire parler le papier aux endroits clefs, aux endroits stratégiques, maçonniques, là où il pouvait y avoir anguille. Il connaissait tous les passages symboliques, les notes rituelles, les ritournelles à entourloupe, fit le tour à la loupe… Tout transformé, infatigable, tout sherlock-holmé, traquant la poussière d'indice inlassablement, imperturbablement, faisant fi de la fatigue. Mais rien, rien ne transparaissait… Pourtant, il en était sûr, Mozart, s'il avait vraiment laissé un indice, ne pouvait l'avoir apposé n'importe où ! C'était un esprit mathématique, cartésien et joueur de surcroît (jeu qui n'a rien à voir avec le morpion). De plus, ce code était destiné à être découvert... Nom d'un chien ! Cela devait être là, devant lui... Mentalement, Colbert se remémora pour l'énième fois le scénario de la flûte…

Suivez bien, c'est toujours ça de pris pour ceux qui ne connaissent pas et qui veulent quand même briller dans les salons. C'est toujours impressionnant dans une soirée, un type qui, au détour d'une conversation sur le foot ou le vin, vous résume La Flûte enchantée, *juste comme ça… Vous me direz merci plus tard.*

Un gars, Tamino, est poursuivi par un serpent monstrueux, du genre qui fait très peur… au point qu'il en tombe dans les pommes ! L'émotion est à son comble. Le reptile est sur le point de lui mettre un coup de fourche languée, histoire d'envenimer la situation, quand apparaissent trois filles, les Dames de la Nuit s'appellent-elles (l'histoire ne dit pas s'il s'agit de Riri, Fifi et Loulou ou des sœurs Brontëe), qui ~~occissent~~, qui ~~occient~~… qui tuent la bête.

Quand Tamino se réveille, il découvre Papageno, un oiseleur au carafon fêlé et gai comme un pinson homosexuel qui se vante de l'avoir sauvé des griffes du serpent (sic)… ouhhh le menteur ! Ce sont les Dames de la Nuit, souvenez-vous ! Elles punissent le vantard en lui ôtant la parole. L'oiseleur est très embêté car il est bavard comme une pie.

Décidant que Tamino le peureux est un bon gars, les trois grâces ou grasses (on ne sait pas non plus) lui montrent le portrait de Pamina (attention ne pas confondre), la somptueuse fille de la Reine de la Nuit. La jeune vierge a été enlevée par Sarastro (l'homme qui coupe les cheveux en quatre) ! Derechef, le jeune garçon qui a peur des serpents décide de voler au secours de l'infortunée donzelle au péril de sa vie (car, entre-temps, il est devenu courageux) ! Les trois dames, qui ne s'y attendaient pas du tout, sont soudain sous le charme de ce beau preux (car il y a aussi des *laids preux*) ! Elles lui offrent alors une flûte enchantée (d'où le titre de l'oeuvre) et ordonnent à Papageno de l'accompagner dans cette mission, lui fournissant son arme à quête initiatique : un carillon magique ! Voilà les deux gars prêts à partir en guerre ésotérique !

Là, les choses se compliquent parce dans le palais de Sarastro, le méchant, l'ordure, le ravisseur infâme, qui se trouve dans une sorte d'Égypte d'opéra (clin d'œil), Pamina a voulu se faire la malle avant que Monostatos, un autre mâle mal embouché, ne lui fasse mal. Sur ces entrefaites, Tamino arrive et fait fuir le méchant qui, non satisfait d'être méchant, est couard.

Le héros réalise alors que le Sarastro n'est pas le vilain petit canard mais qu'il a été mystifié par les trois garces au serpent ! Son sang ne fait qu'un tour et il tombe amoureux de Pamina.

À partir de ce moment, c'est la mission vers la lumière qui commence, avec du rituel initiatique, du silence à ne pas transgresser, des eaux à traverser puis une épreuve du feu... dont la récompense sera le feu aux fesses. Toutes les histoires d'amour finissent comme ça, même les plus hermétiques.

La Reine de la Nuit se révèle être une vraie salope

qui ne pense qu'à broyer du noir et à embêter sa fille, mais tous ses vilains desseins échouent lamentablement et elle est engloutie avec tous ses affreux sbires dans les profondeurs de la terre.

C'est là que tout le monde chante la victoire du soleil sur les ténèbres.

Vous comprenez mieux toute la portée initiatique de l'ouvrage ?

Après six bonnes heures de recherches assidues et deux cafetières, Colbert de la Gestonne leva une tête conquérante au milieu de laquelle triomphaient deux yeux champollionnesques. Y'avait de l'Archimède dans l'air, de l'*Eurêka !* au bord des lèvres !

– Je le tiens !

Il réveilla Purdey qui s'était assoupie dans le fauteuil Voltaire.

– Par la barbichette ? sortit-elle de son rêve où elle coulait quelques nuits licencieuses avec Suitaume sur une plage guadeloupéenne.

– Mademoiselle Prune, je le tiens !

Il avait les yeux brillants, deux phares qui éclataient dans la nuit d'un mystère de deux cents ans.

– Alors ?

Alors… il claqua une allumette.

*

Nick Sarkos, encadré de deux gorilles impressionnants, sortait de chez le dentiste où il venait de se faire raboter un peu les dents. Depuis quelques années, il avait constaté que ses incisives poussaient exagérément et il devait y apporter un soin constant ; aussi allait-il chez le dentiste comme d'autres vont chez le manucure. C'était salutaire pour son image médiatique mais aussi pour la survie de son parquet en chêne qui lui avait coûté la peau des c… d'un de ses adversaires politiques.

En prenant l'ascenseur, il s'admira dans la glace, fit un sourire, fronça le nez, plissa les yeux, bougea les oreilles, remua la queue, serra les fesses, se creusa les joues… et la tête pour essayer de se trouver un peu de modestie, qu'il ne trouva jamais, bla bla, bla… Il rajusta son costume pourtant de bonne coupe mais il flottait dans un orgueil trop grand pour sa taille.

Ses gardes du corps lui tracèrent la route qu'il tailla jusqu'à une Mégane noire aux vitres teintées. À l'intérieur, l'attendaient Marcel, son conseiller en communication, Pierre, son conseiller en bonnes idées, Julie, sa conseillère d'orientation, Paul, son con seyant et Odette Lacolère, qui était mauvaise conseillère. Cette petite armée présidentielle, cette garde rapprochée, prétorienne mais prête à tout, piaillait comme une volaille de basse-cour.

– Monsieur le Président, commença Paul, vous devez annuler la Concorde demain soir ! La rue n'est pas encore assez calmée !

– Je suis d'accord, renchérit Julie.

– D'autant, continua Marcel, que des bruits de menaces sérieuses courent !

– Un attentat ? sourit Sarkos, qui souriait du danger, se riait des risques.

– On le dit, répondit Paul, qui avait des origines corses.

– Ce sont des défaitistes et des pusillanimes, monsieur le Président, ne les écoutez pas ! acheva Odette Lacolère.

*

– Voyez-vous, mademoiselle, j'étais persuadé que Mozart n'avait pu laisser un message de façon banale... Tous les spécialistes qui ont travaillé sur la partition musicale à proprement parler ont fait la même erreur... Ils ont cherché un code dans les notes elles-mêmes, essayant de décrypter tel ralentissement, tel passage de binaire en ternaire, etc. Alors que le secret est beaucoup plus prosaïque : il ne s'agit pas d'un code mais d'un message ! Un message clair, un rébus, en somme, de simples phrases disséminées au travers de son manuscrit.

– Mais comment se fait-il que personne n'ait pu remarquer ces phrases ? interrogea Purdey, qui venait de prendre la place du lecteur impatient cherchant à comprendre.

– Grâce au seul moyen que l'on connaissait à l'époque... moyen simple, basique, enfantin... Le jus de citron ! Une simple plume trempée dans du jus de citron pour écrire à l'encre invisible...

– Oui ? se suspendit-elle à ses lèvres... mais en tout bien tout honneur car il était très moche.

– Pour écrire le secret des francs-maçons !

– Fichtre !

Je ne lui fais pas dire. Avouez que l'auteur ne vous vole pas le prix de ce livre à révélations extraordinaires ! Que ce même auteur démontre un certain courage à dévoiler un secret qui touche à de l'occulte puissant ! Si vous me voyez disparaître des têtes de gondoles, vous saurez pourquoi !

Fichtre donc, disait-elle.

– La première indication se trouve au milieu de l'ouverture, au premier passage maçonnique évident quand la musique s'arrête et après une courte pause martèle dans un tempo très lent trois fois, trois accords, voyez...

Purdey voyait des notes mais…

– Silence, double croche, ronde, ronde, pause… et cela trois fois de suite ! C'est l'essence même du rituel maçonnique frappé trois fois de suite !

Il craqua une seconde allumette, la première lui ayant déjà brûlé les doigts et l'approcha au verso de la page incriminée. Comme par magie, une petite phrase noire apparut juste au-dessus de la portée :

La tête est de Paris…

C'était chouette mais pas très clair. L'œil déçu de Purdey n'échappa pas à Colbert de la Gestonne. Il sourit.

Quand vous ne savez pas quoi faire faire à un personnage, vous le faites sourire. Ça ne mange pas de pain et ça le rend un peu sympathique.

Ce n'est pas tout…

Purdey respira d'aise.

– Nous allons ensuite à la scène 15 de l'acte I où l'orateur demande à Tamino : « *Wo willst du, kühner Fremdling, hin ? Où vas-tu, audacieux étranger ? Que cherches-tu en ces lieux sacrés ?* » C'est le profane qui devient *cherchant*, le *Suchender*, celui qui cherche la lumière… C'est un nouveau passage important du rite.

Nouvelle allumette.

Nouvelle magie.

Chez les Jésuites de Mont-Louis…

– Ça vous parle ? demanda Purdey.

Non, cela ne lui parlait pas.

À vous non plus, je présume.

– Je continue… jusqu'à la scène 21 de l'acte II,

alors que Tamino a passé les épreuves de compagnon à maître.

Scrach !

Face au trente-troisième thuya…

Encore une phrase à défriser un peigne.

– Voyons la fin… C'est la partie la plus importante, le passage symbolique par définition, là où l'obscurité devient lumière, c'est l'apogée de la cérémonie d'initiation… scène 28.

Jeu, set et matches.

Parce que je fais aussi du jeu de mots bilingue.

Une quatrième petite phrase à la chiure de mouche noire apparut…

L'entrée du Temple où tout est dit !

Tout quoi ? Récapitulation :

La tête est de Paris…
Chez les Jésuites de Mont-Louis…
Face au trente-troisième thuya…
L'entrée du Temple où tout est dit !

Nous voilà bien avancés, pensa secrètement Purdey qui n'entrevoyait goutte dans ces quelques phrases venues du fond du XVIIIe siècle autrichien. Elle nota les éléments sur son petit carnet à spirales.

– Il n'y a rien d'autre à votre avis ?

Colbert de la Gestonne paraissait épuisé par l'effort fourni, épuisé mais heureux, il exsudait la joie par tous les pores, repu d'autosatisfaction.

– Non... non, sans doute pas… Je n'en reviens

pas… Mon nom va être associé au génie de Mozart, vous vous rendez compte, mademoiselle Prune ?

Purdey se rendait surtout compte qu'elle avait encore à faire à un orphelin de la simplicité, un atrophié de l'humilité, de l'éperdu de reconnaissance… Encore un qui voulait son nom couché sur du papier journal ou mieux, sur du papier bible, au cas où un peu de poudre du génie des autres se répandrait sur lui… Vanité de l'homme qui se veut plus grand qu'il n'est ! Ce besoin de s'accrocher à une étoile pour paraître plus brillant ! Dérision du mortel.

Purdey avait beau être belle, elle ne négligeait pas la philosophie.

En attendant de s'auréoler la touffe, de devenir la nouvelle coqueluche des fanatiques mozartiens, le chef de fil d'une nouvelle génération de musicologues ésotéristes et l'exemple de tout un peuple mélomane (plutôt les Allemands), Colbert de la Gestonne devrait néanmoins attendre que la police ait terminé son enquête.

Purdey referma le manuscrit d'un coup sec qui sonna comme un glas, remercia chaleureusement son hôte qui était déjà en train de pousser Champollion du piédestal des grands hommes, et s'échappa vers le Quai des Orfèvres en souhaitant que ce nouveau charabia trouve un écho chez Suitaume.

*

* *

14

La tombe en perd la chaise !

Louxor examina le petit meublé avec un certain dédain. Ce n'était pas de la chambre tout luxe... propre mais sans fioriture. Il donna un pourboire aérien à la petite bonne qui venait de lui en faire les honneurs sans hélas y laisser le sien sur la carpette, et prit possession de l'endroit. Il se remémora les détails de son film préféré, *L'emmerdeur*, avec Brel et Ventura et sourit (*voir plus haut*). Soulagement, il n'y avait pas de chambre mitoyenne. Autre détail d'importance, le store fonctionnait parfaitement. Il fallait reconnaître que l'emplacement de l'hôtel avait été habilement choisi. Au coin de la rue Saint-Honoré, cela donnait l'angle de vue nécessaire pour voir la Concorde sans être une source de surveillance de la police. Il suffirait d'avoir l'arme idoine pour réaliser parfaitement la mission.

D'ailleurs, à ce propos...

Louxor se jeta à quatre pattes sous le lit pour en retirer une valise de bois oblongue qui était verrouillée. Il fouilla la poche de sa saharienne et en extirpa une petite clef. Il retint sa respiration, un peu ému quand même, et ouvrit la mallette.

– Whaouu !

Un beau fusil à lunette, noir (pas un fusil à lunettes noires), automatique, à visée infrarouge, avec crosse ajourée, chien de chasse, détente assurée, canon fileté… Le *nec plus ultra*, la Rolls du tueur à gages, l'objet de légende. Dans un premier temps, Louxor, émerveillé, n'osa pas le toucher, le regardant comme s'il avait devant lui une relique sacrée. Puis il apprivoisa sa crainte peu à peu et le sortit de son étui. C'était lourd et froid et c'était à répétition… contrairement à lui qui n'avait pas répété. Mentalement, il remercia son père de lui avoir fait confiance, alors qu'il n'avait jamais touché une arme à feu de sa vie.

Le tout était de savoir comment il réussirait à atteindre sa cible sans trop de dommages collatéraux…

*

Guillaume Suitaume avait laissé partir sa belle assistante la mort dans l'âme… Cette nuit de débauche avortée lui laissait un goût amer (curieusement). Il aurait peut-être dû laisser parler la bête ? Peut-être dû prendre son courage à une main (l'autre ayant mieux à faire) et violer les conventions ? Ruiner les convenances ? Saccager la bienséance ? Étrangler les préjugés ? Lui faire une petite fête en douce ? Peut-être n'y aurait-elle vu qu'un inconvénient relatif ? N'y aurait-elle même vu que du feu ? Ce feu régénérateur ! Ce feu rédempteur ! Ce feu fédérateur ! Ce feu réacteur ! Cette joie fédératrice qui fait des raies actrices ! Ce feu de joie coupable ! Enfin crier ce feu occulte à la fesse du monde ! Mais il y avait cette rigidité d'éducation, cette rigidité qui deviendrait bientôt cadavérique à force de vivre loin des passions, loin des feux de fourrés, loin des fêtes foreuses !

Cette envie de plonger dans un stupre salvateur agaçait le jugement du profileur, altérait son formidable raisonnement, gâtait son efficience. Il devait reprendre le dessus, mâter la chair et ne plus mater la chère… L'heure n'était pas à la licence, ni poétique ni vicieuse, mais à la construction du barrage anti-salauds, à l'élaboration du vide-ordures !

Tandis que Suitaume laissait Purdey s'occuper seule du manuscrit, il avait regagné le Quai d'urgence pour mettre au point une petite stratégie…

La première rencontre de la journée avec Hercule Comenvetu avait été frontale ! Le nabot supérieur s'était engoncé les chairs dans un costume de yachtman, pantalon blanc, légèrement moulé aux coutures du slip grenat... Fausse note... et une veste blaser bleue marine plus croisée qu'un templier.

Lorsque Suitaume entra sans frapper dans le bureau, le Principal était en train d'essayer de gonfler une bouée avec une tête de canard. Il la dissimula rapidement sous sa table.

– Pourriez pas frapper ?!

– Le temps presse !

Il pressait tellement, d'ailleurs, que Suitaume, sans passer par les cases circonvolutoires des convenances, déballa sans pudeur l'objet de sa visite.

Comenvetu frôla l'attaque.

– Mais vous êtes malade, Suitaume ? Vous croyez qu'une telle chose peut s'improviser ? Et vous croyez que je vais vous laisser faire et penser une chose pareille ? Vous faites fausse route ! Sur quel ton dois-je vous le dire ?

– Le temps joue contre nous, commissaire ! Il se trame quelque chose et je suis certain que la solution se trouve au *Grand Désorienté* ! Je vous le répète, aidez-moi à y accéder !

– Jamais ! Vous êtes fou ! D'abord, quelles sont vos sources ?

Suitaume n'osa pas parler de Mozart, cela ferait mauvais genre... du genre du gars qui se moque.

– Nous avons retrouvé la partition !

– Déjà ?! s'abasourdit-il, comment ?

– C'est grâce à ma sœur...

– Votre sœur ? La gro... la chanteuse ?

– Oui, en revanche, je l'ai perdue en échange... on l'a enlevée !

Ça allait trop vite pour Comenvetu... Était en train de perdre une roue.

– On a échangé votre sœur contre la partition ? Mais pourquoi ?

– Ce n'est pas aussi simple...

Hercule n'avait pas l'air de trouver ça simple.

– Colchique a sans doute été témoin de quelque chose à l'opéra lors de l'assassinat de Rupert Von Ruppett...

– C'est complément fou !

– Évidemment. On a volé la partition de Mozart parce qu'elle représentait un danger pour des gens haut placés ! Des gens haut placés qui ont fait abattre trois personnes en urgence, enlever une quatrième et ont causé le suicide d'une cinquième ! Il se trame un truc grave !

– Mais pourquoi vouloir absolument impliquer la franc-maçonnerie ? paniqua le nain.

– Parce tous les morts étaient affiliés au *Grand Désorienté* ! Vous êtes d'ailleurs peut-être la prochaine victime sur la liste des emmerdeurs !

C'est ce qu'on appelle un argument-massue… de ces arguments qui vous terrassent les esprits les mieux trempés, les courages les plus affranchis. Comenvetu vacilla sur ses jambes courtes.

– Vous croyez ? Mais jamais je n'ai entendu quoi que ce soit de criminel dans les loges, Suitaume, vous me connaissez ?

Que trop. Comenvetu, ami des prébendes mais ennemi des bandes !

– Qui est votre Grand-Maître ?

– Horus.

– Son vrai nom.

– Connais pas et je ne l'ai jamais vu… Les maîtres et les compagnons sont cagoulés. Seuls les apprentis avancent à visage découvert.

Façon de parler.

– Et vous êtes ?

– Compagnon.

– Votre nom ?

– Tefnout !

Ça avait moins de panache que *Amon-Re*, mais bon…

– Donnez-moi l'adresse et le mot de passe !

– Jamais. J'ai prêté serment !

– Rendez-le !

– Non.

– Il en va peut-être de la sécurité de l'État !

– …

– Je mettrai ces trois points sur les « i » d'inadmissible !

Suitaume n'insista pas plus. Il connaissait la tête de pioche de son « supérieur ». Il quitta le troisième étage sans un mot de plus, abandonnant un

Comenvetu déboussolé et regagna son bureau. Il alla à sa planche de salut pour surfer sur Internet et essayer de faire un peu plus le jour sur la loge du *Grand Désorienté.* Hélas, tous les articles et interviews collectés avaient tous en commun leur vacuité. Des mots creux, vides de sens, vides d'idées ! La grande phrase qui revenait sans cesse était que la maçonnerie n'était pas secrète mais discrète, qu'elle s'apparentait à une petite réunion entre copains une fois par semaine, histoire de parler du temps meilleur qu'il fera demain. Suitaume n'aimait pas être pris pour une truffe ! Y'a beaucoup trop de gens qui ont beaucoup trop de choses à faire pour perdre beaucoup trop de temps à parler beaucoup pour ne rien dire. On ne déplace pas du gratin impunément ! La valse des inutiles, le profileur n'y croyait guère ! Quand un homme de haute sphère se mettait un masque sur la trombine, c'était pour jouer à Zorro ! Faut que cela serve… Dans ces loges, si on y voulait le bonheur des masses, pourquoi ne pas les y inviter ? Les boulangers, les plombiers, les terrassiers ne devaient pas être très nombreux sur les listes maçonnes ! Faut de l'influent, du *qui* qui peut servir, du réutilisable, du renvoyeur d'ascenseur !

Suitaume s'esquinta la vue à ne rien voir, à ne rien trouver ! Toujours les mêmes choses, un peu de *Grand Orient*, un peu de *Grande Loge de France* mais rien du *Grand Désorienté* ! Chou blanc !

Mais puisque les histoires doivent avancer, prendre des tournures, et que l'auteur impliqué peut choisir la tête de sa tournure, je choisis de faire entrer Purdey Prune dans un vent frais et rose !

Elle entra porteuse du manuscrit autographe et d'une bonne nouvelle. Elle était le palan idéal pour remonter le moral du commissaire (le reste n'avait pas besoin de palan). La jeune femme narra sa rencontre avec Colbert de la Gestonne et posa le résultat de ses recherches devant Suitaume. Celui-ci, déjà totalement conquis, fut ravagé intérieur, dévasté du côté cœur… mais, une fois de plus, il n'en laissa rien paraître.

La tête est de Paris…
Chez les Jésuites de Mont-Louis…
Face au trente-troisième thuya…
L'entrée du Temple où tout est dit !

– Hélas, commissaire, je crains que le message découvert ne soit aussi obscur que les symboles de la partition.

Suitaume s'absorba une dizaine de minutes dans la contemplation du feuillet puis son cerveau, que ne nous ne qualifierons jamais assez d'exceptionnel, se mit à fonctionner comme un ordinateur nouvelle génération, faisant marcher toutes les connections de son érudition. À côté de lui, Sherlock Holmes et Hercule Poirot ressemblaient au club des cinq moins trois !

J'en conviens, c'est assez curieux comme image mais c'est original.

– C'est très clair !

Purdey et Suitaume ne s'éclairaient pas à la même lumière.

– Mozart est venu à Paris pour la dernière fois en 1788 et il a certainement été invité par la loge parisienne pour s'y présenter. Il connaît donc l'entrée du Temple où tout est dit ! Savez-vous ou se trouvait cette entrée, chère Purdey ?

– Chez les Jésuites du Mont-Louis, répliqua ce superbe animal doué de raison.

– En effet, et où se trouve le Mont-Louis ?

Là, c'était plus dur de la ramener, aussi ne la ramena-t-elle pas.

– Au père Lachaise ! laissa tomber (de circonstance) le profiler.

À ce stade de la réflexion, Suitaume aurait pu demander n'importe quoi à sa collaboratrice, même le meilleur. Elle restait là, exsangue et extatique.

– Mais je croyais que le cimetière n'existait que depuis le XIXe siècle ?

– 1804, exactement.

Suitaume tapota quelques phrases sur son ordinateur, histoire d'assurer ses bases.

– En fait, à l'époque de Mozart, reprit-il, le Mont-Louis n'appartenait déjà plus aux Jésuites qui avaient dû le revendre pour des dettes impayées... à une certaine famille Baron...

Nouveau tapotage sur le clavier.

– Tiens, tiens, intéressant ça... Vous savez qu'elle était la particularité du sieur Baron ?

Sourcil en accent circonflexe.

– Ne me dites pas que...

– Si.

– Il était...

Vous avez une idée, vous, de ce qu'il pouvait être, le sieur Baron ? Juste histoire de voir si vous avez l'esprit d'une Purdey haut de gamme ?... En revanche, si vous avez le corps, prière de me contacter à l'adresse suivante : gordon.zola@wanadoo.fr

Et oui, bien sûr madame, il était...

– ... franc-maçon !

– Je vous fiche mon billet quelque part...

Je voudrais bien savoir où par exemple et quelques dames aussi, je suis sûr...

– … que ce Baron était le premier Grand-Maître du *Grand Désorienté* !

– Qu'est-ce qui vous fait dire ça, commissaire ?

– Le nom de sa maison…

– ?

– Le berceau d'Isis !

Plus aucun doute ne pouvait planer. Direction le cimetière du Père Lachaise pour voir si le trente-troisième thuya avait besoin d'être taillé en pointe comme quelques oreilles sales de sales intrigants en robes noires.

*

Nick Sarkos, bien qu'il donnât le change, était un peu nerveux. Son costume de monsieur courage, d'homme qui dit non au danger, le gênait un peu aux entournures et pendant une demi-seconde, il eut presque aimé être la place de François Auxlimbes en simple sourieur revanchard. Le malaise se dissipa vite. À sa décharge, il n'était pas aisé de reprendre les rênes d'un pays qui vous accepte par les urnes et vous refuse dans la rue ! Cette fois, la minorité agissante n'avait pu agir sur l'opinion avant les élections mais elle semblait vouloir se rattraper activement.

Cette allocution en forme de concert rock était peut-être risquée mais le service d'ordre avait été décuplé et Sarkos pensait avoir suffisamment de charisme pour emporter l'affaire, et puis… il y avait une dernière chose à régler.

*

* *

15

Pas de quoi en faire tout un Franc-mac !

Si l'art funéraire devait exposer, c'est au Père-Lachaise qu'il ferait ses meilleurs cocktails, dans ce jardin aux contours capricieux où reposent les plus illustres de nos gloires patrimoniales : Apollinaire, Poulenc, David, Sarah Bernhardt, Balzac, Chopin, Corot, Montant... qui fertilisent les collines de Charonne où le cimetière est accroché ; lieu mythique où s'érigea autrefois la Folie-Regnault.

Suitaume connaissait bien le Père-Lachaise pour y avoir marché tellement de fois en se recueillant sur les tombes des quelques héros d'un autre temps. Il savait que l'architecte Brongniart qui avait aménagé le cimetière lors du premier Empire avait gardé les mails de tilleuls et les thuyas de l'allée principale qui existaient du temps des Jésuites. On les voyait encore de nos jours.

La douce Purdey, qui n'y avait jamais mis un pied, s'y sentit électrisée dès l'abord et en fit la remarque à son mentor.

– On dit que le Père-Lachaise est le lieu le plus *chargé* de la capitale, expliqua Suitaume.

– Chargé ?

– Oui, en raison du grand nombre de médiums enterrés. Beaucoup de chercheurs du sens de la vie, amateurs ou professionnels, viennent se recueillir ici.

Suitaume ne voulut pas proposer à sa douce d'aller caresser le gisant du journaliste Victor Noir, aux vertus, dit-on, fécondantes. Le pauvre gars, assassiné en 1870, ne s'était certainement jamais fait caresser la bistouriquette autant de son vivant… Un truc à vous retourner dans la tombe !

Les deux policiers remontaient lentement l'allée principale en comptant soigneusement les thuyas. À une centaine de mètres de l'entrée, ils dénombrèrent le trente-troisième arbuste. Derrière, il y avait une sorte de mausolée en pierre surmonté d'une colonne biseautée.

– Symbole franc-maçon, lâcha Suitaume, c'est bon signe.

Ils contournèrent. C'était une vieille concession qui datait du XIXe siècle. Elle était cerclée d'une petite grille en fer forgé et rouillé. En frontispice, ces simples mots : *Famille Baron.*

– Bingo !

Suitaume ouvrit la petite porte de la grille qui hurla sa douleur métallique, son arthrite ferrailleuse, et s'approcha de la porte du caveau. Elle s'ouvrit sans plus de difficulté qu'une jeune fille dévergondée. Purdey ne s'en offusqua pas et suivit son patron. À l'intérieur, un escalier en forme de vis s'enfonçait, ils s'enfoncèrent. Un vent frais et insidieux glissa sous la robe rosée comme une aube de la jeune fille, et caressa ses jambes veloutées… elle frissonna.

Moi aussi.

Rapidement, le suspens laissa la place à la surprise… Au fil de la descente, des éclats de voix se faisaient entendre. Pourtant pas l'endroit ! Dans un réflexe commun, les fonctionnaires de l'État s'armèrent la paume… juste au cas où les morts seraient rebelles. Suitaume, qui ouvrait la marche par galanterie, posa enfin un pied sur un sol terreux. Une légère lumière ondulait sous la flamme d'une torche. Petite pièce avec quatre cercueils en bois pourri. Les voix étaient plus fortes mais pas encore distinctes ; Suitaume posa un doigt sur ses lèvres et indiqua une ouverture sans porte.

Ils empruntèrent… avec la ferme intention de rendre… justice. Petit couloir sombre qui semblait les rapprocher de la mort, puis… surprise ! De la surprise géante… Ils venaient d'arriver dans une sorte de cathédrale souterraine, immense, avec de l'espace à vous couper le souffle de tous vos anniversaires ! Creusée dans le calcaire parisien ! Les dimensions de l'endroit étaient hors du commun, dépassaient les cadres d'une imagination normale… Une douzaine d'épais piliers blancs et crayeux taillés en ogive soutenait l'ensemble. Comme deux fourmiliers en quête de nourriture, les policiers se tapirent derrière pour observer la curieuse messe qui se déroulait à quelques mètres d'eux. Au centre, dans un décor chargé de boiseries, de draperies, de symboles maçonniques, une trentaine d'hommes vêtus de longues robes blanches étaient assis en demi-cercle sur des fauteuils confortables en velours rouge. Une dizaine d'entres eux portaient cagoule. Au centre, sur une sorte de chaire, un homme était debout, le visage dissimulé et semblait diriger le débat… Le Grand-Maître, sans doute.

Cet hémicycle avait quelque chose de parlementaire.

– La parole est à l'apprenti Jean-François…

Jean-François, un petit brun sans éclat, se leva et parla à la cantonade.

– Je continue à m'inquiéter des décisions qui ont été prises dans cette assemblée. Je suis conscient que nous voulons tous que les forces du progrès social évoluent, que nos idées prennent corps rapidement… mais la stratégie de mise en place n'est-elle pas excessive ? Voyez la foule depuis les élections ?

Un cagoulé leva la main.

– La réponse est au frère Thathor, accorda le Grand-Maître.

– C'est peut-être pour cela, frère Jean-François, que vous êtes toujours apprenti ! fit Thathor… et à raison.

Et toc !

– Nous devons faire attention à toutes les forces en présence. Comment éteindre la colère de la France profonde ? Comment calmer ce malaise qui gronde ? Tout simplement en proposant un homme à poigne, un homme qui n'a pas peur de s'exposer, qui fait parfaitement le jeu de l'alternance démocratique ! Mais chose essentielle, un homme qui nous est acquis ! Le choix de Sarkos était le meilleur choix possible dans cette conjoncture pour faire avancer nos idées de fraternité !

Ce frère, bon comme le pain, se rassit.

– Et comment calmerez-vous la masse hurlante qui piétine dans la rue depuis deux jours ?

– Nous le savions, répliqua le Grand-Maître, en se donnant la parole tout seul, nous savions qu'il y aurait contestation de la part d'un certain nombre d'officines… mais c'est nécessaire ! Ils se calmeront après l'allocution de ce soir.

La main d'un autre cagoulé se leva.

– Frère Horus, ne pourrions-nous pas observer une minute de silence pour nos frères récemment et tragiquement disparus ?

– En effet, frère Ra, que le Grand Architecte de l'Univers prenne sous sa protection les âmes envolées de Rupert Von Ruppett, de Zelda Holderpüp et de Klaus Zedor, trois de nos frères qui ont toujours œuvré pour le bien de notre ordre.

Silence.

C'était étrange, la voix d'Horus disait quelque chose à Suitaume. Il était persuadé de l'avoir entendue récemment. Il n'eut cependant pas le temps d'y réfléchir plus que cela car un cri lointain détourna son attention… pas vraiment un cri, du reste, une note ! Peut-être même un *si bémol*, ce si bémol si bêcheur qu'il reconnaissait entre mille…

– Colchique !

Les deux policiers s'enveloppèrent dans la faveur du silence et suivirent l'appel en progressant discrètement de pilier en pilier. Nouvelle porte, nouvel escalier… La voix d'outre-tombe, plein d'un écho funèbre, se rapprochait. Ils arrivèrent bientôt dans une pénombre humide plus insalubre encore…

– Guillôôôôôme ?

Miracle ! Elle était vivante ! Désespérément vivante ! Toute sa chaire encore pleine était accrochée à un mur de salpêtre, enchaînée de la tête aux pieds comme un quartier de bœuf sur l'esse du boucher.

– Guillaume, détache-moi !

Le frère s'apprêtait à exécuter l'ordre quand…

Revirement.

– Mais qu'est-ce que tu attends ?

– Purdey, vous pensez ce que je pense ?

– Je pense, pensa la jeune fille qui grelottait dans son décolleté à *seintes reliques.*

– Colchique attachée est la preuve qu'il y a enlèvement et séquestration de la part du *Grand Désorienté* !

– Exact !

La grosse s'énervait.

– Détache-moi ou je fais un malheur !

– Vous remontez appeler les bleus et moi je m'occupe des ésotéristes malsains ! On revient, Colchique, patience !

Elle en manquait. Ils remontèrent en abandonnant la diva défaite mais encore attachée qui fit un Malher en interprétant le *Chant de la Terre.*

Purdey regagna l'air libre, soulagée, tandis que Suitaume reprenait son poste de surveillance et vérifiait le chargeur de son Luger. Il respira un bon coup pour entrer dans la peau du personnage, le loup dans la bergerie... Une bergerie où les moutons n'étaient pas si blancs que ça.

La minute de silence était terminée... Cela allait devenir le quart d'heure du poing américain.

– Savons-nous pourquoi est mort frère Ruppett ? demanda Thathor. Des mauvaises langues (des langues de serpents, sans doute) disent qu'il voulait dévoiler un de nos soi-disant secrets ! Qu'il allait nous accuser de vouloir faire assassiner Nick Sarkos !

– C'est ridicule ! firent quelques frères de concert avec Horus en soliste.

– D'autant qu'il a notre soutien, avait compris frère Jean-François.

– Encore des infamies pour fragiliser notre Loge !

– Cependant, dit un autre, puisque vous abordez le sujet, je trouve que cela ressemble à des exécutions !

– Zedor s'est suicidé !

Certains apprentis faisaient des têtes de gars qui ne veulent plus être compagnons.

– Oui, c'est vrai ! Pourquoi s'est-il suicidé dans les locaux de la police ?

– Il avait quelque chose à se reprocher, sans doute…

– Oui, mais quoi ?

La panique commençait à sourdre. Horus tentait de calmer les inquiétudes en faisant quelques gestes un peu inutiles.

– Calmez-vous, mes frères, ne laissez pas entrer la peur en vous, elle est mauvaise conseillère.

« Que personne ne bouge ! »

Tous s'empressèrent de bouger pour regarder dans la direction du rabat-joie. Suitaume venait de sortir de derrière son pilier, toute arme dehors, un léger sourire aux lèvres comme Clint Eastwood dans le rôle du *bon.*

– Qu'est-ce que cela veut dire ? cracha Horus.

– Ça veut dire « police, personne ne bouge ! »

– C'est une propriété privée !

– Privée de vie, logiquement, se gourmanda Suitaume.

– Vous n'avez rien à faire ici ! s'énerva Horus.

Cette voix, cette voix…

– Ma sœur non plus !

Fêlure.

– ~~Au nom de la loi, enlevez votre cagoule !~~

Non, désolé, ça fait un peu suranné comme formule… Je reprends.

– ~~Montre moi ta sale gueule !~~

Non, non plus, on dirait un dialogue de Besson.

– Auriez-vous l'extrême obligeance d'ôter votre cagoule, que je puisse constater si votre visage est aussi moche que votre âme !

Oui, c'est un peu plus Suitaume, toujours heureux de s'éclairer à l'ampoule de ses phrases.

Pas de réponse... Pas le temps, car les choses se précipitèrent... Purdey revenait en force avec la cavalerie, une escouade de beaux militaires tous bleus, armés jusqu'aux dents, qui suivaient la carotte Purdey avec toute l'attention que l'on imagine. Les mesures habituelles en de pareilles circonstances étaient sur le point de se prendre quand Horus, qui en savait certainement beaucoup plus qu'une conscience normale ne pouvait en supporter, décida de brûler la politesse ! Petit feu qui lui permis d'éclairer le couloir sombre dans lequel il venait de disparaître.

Laissant Purdey aux commandes, Suitaume se précipita sur les traces du Grand-Maître. La course fut éperdue, échevelée, inquiétante, dangereuse... Comme Jean Valjean, Suitaume eut l'impression de s'enfoncer dans un ventre de Paris où les galeries ne finissaient nulle part. Ordonné de nature, il essuya plusieurs coups de feu mais en tira lui-même un certain nombre. Au détour d'un coude, lors d'un échange de feu grassement nourri, Suitaume perçut un cri de douleur ! Puis plus un bruit... L'avait-il tué ? Il s'avança en frôlant le mur humide... Du sang, par terre ! Mais l'homme avait disparu...

Lorsque Suitaume revint au cœur de la loge, ses confrères avaient déjà fait sortir l'ensemble des maçons qui vitupéraient sans leur cagoule. Le commissaire s'amusa à reconnaître quelques comédiens, deux chanteurs, un baron de l'entreprise, quatre hommes politiques de l'opposition et trois de la nouvelle majorité, deux magnats de la presse, un maniaque de la jet, quelques PDG dont les noms lui échappaient et une série d'inconnus.

On avait libéré Colchique aussi. Purdey avait usé de stratégie en louvoyant et l'envoyant chez le médecin de la cellule *Enlèvement* pour voir si elle n'avait pas subi des lésions post-traumatiques. Suitaume lui rendit grâce intérieurement mais songea que c'était plutôt son geôlier qui devait avoir des lésions graves et besoin d'un médecin de la tête.

On fit une fouille en règle de la loge et on y découvrit les archives du *Grand Désorienté* depuis sa création par le baron Baron. Une charte particulière exposait les buts et la philosophie de cette nouvelle obédience des Lumières qui se voulait plus audacieuse que ses sœurs écossaises, plus offensive, plus impliquée ! Sa devise montrait toute la mesure de ses ambitions : *Astram Gramus Piquae et Colegram* qui signifie en latin maçonnique « *La mort n'est rien si la lumière est tout !* »

Il est possible que Nihil Mortem Lux Omnem *soit plus près de la traduction mais je n'en suis pas sûr.*

Transporté d'allégresse par un voyage d'études en Égypte quelques années avant la Révolution, Baron décida à son retour de fusionner les idées occidentales nouvelles avec les vieilles croyances du Nil… Le *Grand Désorienté* était né ! Très vite, les premiers membres influents qui avaient grandement préparé la Grande Faucheuse que fut la Révolution française comprirent que la tête royale était un handicap aux idées neuves ! Cette vieille tête poudrée, symbole d'un obscurantisme forcené, était le dernier fil qui retenait le peuple de son émancipation. Il fallait abattre Louis XVI, abattre le suppôt d'une royauté déchue, l'étrangleur de peuple, le mari de l'Autrichienne, la chienne d'Autriche ! On fit naître la dynastie des Osiris, un bras exécutant qui serait du seul ressort du Grand-Maître ! Osiris, un nouveau concept, une nouvelle façon d'envisager les forces du progrès social. Lorsque l'on voulait couper les branches pourries, il fallait bien quelqu'un pour porter la hache, quelqu'un pour assener le coup fatal ! Osiris, c'était l'huile de la machine, celui qui empêchait les mauvais frères de transgresser ou de se complaire dans l'erreur !

Le premier faux pas qui fut à marquer d'une pierre blanche fut celui de Mirabeau ! Mirabeau le magnifique, Mirabeau le moche au pied-bot, l'hydrocéphale, le harangueur de génie, le tribun d'assemblée, celui qui rentre avec le peuple et qui n'accepte que la baïonnette pour sortir, l'épistolier en folie ! Comme beaucoup, il avait franc-maçonné, avait cru, pas cru, avait alterné les fulgurances du génie avec la médiocrité du quotidien, fait côtoyer les traits d'esprit avec les errances verbales, attisé la jalousie des uns, provoqué l'admiration des autres ! Mais ce que le G.D. (*Grand Désorienté*) n'avait pu accepter, c'était son double jeu avec Louis XVI… Il avait trahi ses frères de Loge…

Alors ?…

Alors Osiris ! La branche empoisonneuse… La même qui servirait le bouillon de onze heures à Mozart quelques mois plus tard !

Les ordures !

Suitaume était plus révolté qu'un preneur de la Bastille.

Mozart qui avait compris que derrière le désir de faire le bonheur des peuples, il y avait le bonheur personnel, le bonheur mesquin, le bonheur branleur… Il y avait cette humanité partisane et égoïste qui avait besoin des grandes idées pour asseoir ses petits vices, qui avait besoin d'un Grand Architecte pour redessiner Dieu à son image ridicule… Inversion des talents ! Mozart le génie, l'ennemi des médiocres qui s'ignorent, l'ignorant des futiles ! Mozart, le tutoyeur d'anges, l'homme céleste, brisé par quelques inutiles pour des idées d'imbéciles !

Les imbéciles, oui, toujours les mêmes à toutes les époques !

« … qu'il allait nous accuser de vouloir assassiner Nick Sarkos ! »

La phrase résonna soudain dans la tête de Suitaume ! Cette phrase prononcée par un des constructeurs de portes ouvertes !

– Purdey ? Quand a lieu l'allocution de Sarkos à la Concorde ?

– Dans deux heures !

– M… !!!

Les deux policiers s'envolèrent de l'endroit à la vitesse du maçon : franc-mac 2 !...

… et firent *Boum !*

*

– Claire Chazal, bonsoir, c'est véritablement incroyable ce soir, ici à la Concorde ! Une population vociférante est là, présente comme vous pouvez le constatez sur votre antenne, une population très en colère ! Une population qui ne semble pas vouloir accepter la présence de Nick Sarkos ! Etudiants, fonctionnaires, artistes, journalistes, associations diverses et sans papiers sont là ! Une population éclectique, chamarrée, vivante, qui ne veut laisser passer la voix du fascisme, Claire !

– C'est clair !

– C'est que je viens de dire. Je crois que de mémoire, jamais la place de la Concorde n'avait connu un tel monde, une telle foule enthousiasmée… mais je n'ai que vingt-quatre ans, il est vrai (rires). Au centre, vous pouvez voir l'estrade géante qui devrait accueillir Nick Sarkos, d'un instant à l'autre. Comment va-t-il parvenir jusque là ? C'est un mystère… Mais attendez… oui ! Voilà… il a osé, Claire… Il arrive en hélicoptère ! C'est bien ça, un hélicoptère !

*

Louxor avait dormi une partie de la journée pour se remettre des événements de la veille et se sentir bien pour ceux du soir. Il alla dans la salle de bain se rafraîchir le visage et les idées, éteignit toutes les lumières, enfila ses gants ultrafins en peau de pécari et prit position devant la fenêtre, l'arme à l'œil. Il pointa la grande estrade qui se trouvait à près de trois cents mètres et activa le viseur qui fit le point tout seul. C'était tout bon. Il était aux premières loges (sourire) pour bénéficier du spectacle.

L'hélicoptère venait juste de s'arrêter une vingtaine de mètre au-dessus de l'estrade.

*

– C'est incroyable Claire ! C'est bien Nick Sarkos qui est accroché au filin de l'hélicoptère ! Il joue les Belmondo de la politique !...

– N'est-ce pas là, Carmina, un moyen de conquérir une certaine jeunesse amatrice de frissons ?

– Vous pensez sans doute à l'émission *Fuir - l'facteur* ? Vous avez raison, c'est une stratégie politique moderne qui en vaut une autre, Claire. Reconnaissons-lui une certaine audace et un sens du spectacle. Le voilà qui arrive sur la scène… Vous entendez comme la foule est excitée ? On dirait presque qu'elle veut du sang !

*

En se recevant sur l'estrade, Nick Sarkos fit une grimace de douleur. Cette foule qui scandait à ses pieds était impressionnante, mouvante, houleuse, hostile… Le politique sentit son cœur battre un peu plus fort et la fièvre monter… une sorte de fébrilité qui l'inquiéta.

Le micro lui tendait les bras.

Si je peux me permettre cette licence monstrueuse.

Off

« Ça va, monsieur le Président ? »

Surpris par la voix, Sarkos se retourna et croisa le regard de…

– Suitaume ?! Qu'est que vous faites ici ?

– Je viens vous demander en personne d'avorter cette allocution ! Un attentat se prépare contre vous !

– Je le sais, mon service de sécurité m'a déjà prévenu de vos mises en garde répétées depuis deux heures ! Je vous ai fait répondre, je crois ? Je suis encore maître de ma vie et responsable des risques que je prends au nom de la France !

– C'est de la folie !

– Le périmètre est surveillé !

– De nos jours, le périmètre est une notion dépassée, monsieur le Président… On tue à des kilomètres !

– Commissaire, je connais vos états de service…

Ils parlent en votre faveur, bravo ! Mais avec les problèmes d'embouteillages que connaît la capitale, des gens de votre valeur aux carrefours seraient les bienvenus... Ne me forcez pas à privilégier les axes routiers au grand banditisme ! Reculez à présent, j'ai un discours à faire !

Suitaume n'insista pas et recula au moment où la première balle faisait sauter la première rampe de spots au-dessus du premier ministre qui faisait sa première sortie officielle.

*

Dans sa chambre d'hôtel, à genoux devant sa fenêtre, Louxor riait tout seul en s'amusant à tirer sur les spots comme à la fête foraine. La foule qui hurlait de terreur l'excitait encore plus... Il s'en donnait à cœur joie, le brave garçon, le gentil fiston à papa, le fils d'Horus ! Il tirait, tirait, rigolait et tirait encore ! Sur la scène, tout le monde était à plat vendre, rampant comme des vers... Du ministre, du député, du préfet tout foireux, tout carpette ! Ça léchait le sol, tout ce beau monde, ça apprenait le métier, ça cherchait les meilleures places à l'abri des balles ! Tiens, il en tuerait bien deux ou trois, histoire de rentabiliser le prix d'un tel fusil.

Tout à sa joie morbide, il n'entendit pas les pas feutrés qui montaient dans l'escalier, il n'eut pas le temps de se retourner quand la porte fut enfoncée, il n'eut pas non plus le temps d'admirer les formes parfaites du lieutenant de police Purdey Prune... Il eut juste le temps de constater qu'une balle de Colibri, la parfaite arme de poing de la gente féminine, logée en pleine jugulaire faisait rudement mal... Il lâcha tout son attirail à regret, recula, vacillant, tout en essayant d'arrêter le geyser rouge qui fuyait de son cou... Il n'eut pas besoin d'ouvrir la fenêtre pour tomber puisque c'était déjà fait !

Louxor s'écrasa trois étages plus bas sans savoir que quand on tire un homme à trois cent mètres avec un fusil à visée laser infrarouge, on doit déconnecter la visée pour ne pas être repéré... Il aurait pu savoir pour la prochaine fois mais le macadam parisien était trop dur pour lui laisser une seconde chance.

*

– Claire, c'est tout simplement incroyable ! Nous vivons des moments purement historiques, des moments d'une intensité rare ! C'est bien à un attentat que nous assistons en direct ! Un tireur isolé et embusqué vient de faire un véritable carton sur la scène avant même que Nick Sarkos ait pu proférer quelques mots pour sa défense ! Quand je vous disais que la rue était vraiment en colère !

– Mais cette rue, Carmina, où est-elle, en ce moment ?

– Elle est calmée, je crois, en tout cas dispersée, volatilisée ! Nous essayons de nous rapprocher de l'estrade où l'émotion est à son comble...

– Attention à vous, Carmina !

– Vous me connaissez Claire... Carmina Lapouge, toujours là où ça bouge ! Mon Dieu mais... oui... je crois que le Président Sarkos a été touché...

*

Sur l'estrade, Suitaume venait de se relever.

– Pas de panique ! Tout danger est écarté à présent, le tireur a été appréhendé ! Rappelez l'hélicoptère d'urgence ! Monsieur le Président, comment allez-vous ?

Nick Sarkos était à terre et se tenait l'épaule.

– J'ai été touché, Suitaume ! Ce salopard m'a eu.

Suitaume s'approcha et examina succinctement la blessure.

– Ne vous inquiétez pas, c'est une égratignure ! Avec un fusil longue portée, vous avez de la chance de vous en tirer à aussi bon compte.

– Il y a d'autres victimes ?

– Aucune.

Sarkos sembla soulagé.

Quelques minutes plus tard, l'hélicoptère emmenait le nouveau président vers la Salpêtrière où il se remit en trois jours.

*

Le lendemain, la cote de Nick Sarkos remontait dans les sondages.

On apprenait également la mort de son fils dans un triste accident de chasse.

*

Suitaume reçut la médaille du mérite et du travail bien fait pour avoir déjoué le plan d'un tireur fou et isolé.

On le déplaça néanmoins dans le commissariat du XIIIe arrondissement pour avoir entravé une réunion privée qui se tenait non loin du cimetière du Père-Lachaise. Les membres honorifiques de cette assemblée ne levèrent leur plainte qu'à cette condition.

Par souci de professionnalisme, le commissaire Suitaume voulut récupérer la balle qui avait blessé Nick Sarkos lors de l'attentat ; celle-ci avait disparu ! Par chance, le chirurgien opérant était un spécialiste, à son temps perdu, de la Waffen SS et il avait instantanément identifié la balle comme provenant d'un Luger.

Suitaume étant un des quatre propriétaires de Luger en France, il en conclut dans l'intimité de son nouveau bureau que Nick Sarkos et Horus ne faisaient qu'une seule et même personne…

… et que sous le soleil, il n'y avait toujours rien de neuf !

*

Le surlendemain du drame, Suitaume reçut un coup de fil d'Irma Bienrgardais. Le voyant était aux anges (ce n'était pas une image).

– Mozart ne vient plus vous embêter ? s'intéressa Suitaume, l'ami des autres.

– Plus que jamais, monsieur le commissaire, plus que jamais…

– Oui, je comprends… Et ça ne vous traumatise plus ?

– Figurez-vous que nous avons passé un marché, lui et moi… Je l'autorise à venir s'épancher chez moi à la condition qu'il me finisse le *Requiem* ! Qu'est-que vous dites de ça ?

Suitaume ne put s'empêcher de rire.

– Je dis que c'est une bonne thérapie pour un esprit comme celui de Mozart !

– Je le crois, d'autant que ça part plutôt bien…

Rudement doué, ce gars-là.

– C'est ce que je m'étais laissé dire, en effet. Vous pourrez lui passer un message de ma part ?

– Bien sûr, commissaire.

– Dites-lui que les empoisonneurs de vraie liberté ne courront pas toujours !

– Ok, commissaire… Au fait, vous savez ce que j'ai vu dans ma boule de cristal ?

Il ne savait pas car pas voyant.

– Que vous alliez vivre une passion dévorante avec votre assistante !

– Purdey ?

– Vous en avez plusieurs ?

Non, de Purdey, il n'y en avait qu'Une !

Fin

Par le **même auteur** avec un humour à la **même hauteur** !

Gordon

Gordon

ZOLA

ZOLA

POURQUOI ET COMMENT J'AI VOULU ISLAMISER SAINT-GERMAIN-DES-PRÉS

DE OLIVIER MICHEL

ISBN 2 - 35049 - 021 - 1

Monique Lesur, 65 ans, ancienne cégétiste est devenue après un voyage au Caire la coqueluche des fondamentalistes. On l'écoute religieusement de Khartoum à Téhéran, de Sanaa à Karachi en passant par Riad. Pour assouvir une vieille veangeance toute parisienne, Monique décide de noyer Saint-Germain-des-Prés, haut-lieu du fric, de l'intelligentsia et de la mode, dans un océan de rigueur et d'austérité.
Pourl'opération ISGDP, Islamiser Saint-Germain-des-Prés, Monique s'entoure de Mansour l'Egyptien, Rachid le Yéménite, Moussa le Syrien et Saleh le Saoudien, et d'installe rue des Saints-Pères...
Ce roman à la pointe du burlesque prouve que l'humour de qualité peut désamorcer toutes les bombes...

Le premier livre qui ose rire des mécanismes du terrorisme !

DIEU N'AIME PAS LES FONCTIONNAIRES
de Pierre-Marie WINDAL

ISBN 2 - 35049 - 016 - 5

Pour Adrien Assiret, jeune retraité de l'Education Nationale, la vie commence à cinquante et un ans. Hélas, c'est sans compter sur la colère de Dieu qui voit d'un mauvais oeil cet homme encore jeune se retirer des affaires alors que lui, par exemple, s'échine sept jours sur sept à arranger les bidons de chacun.
Et quand Dieu se fâche, il y a du dommage collatéral : Sodome et Gomorre, les sept plaies d'Egypte, la peste noire, le pauvre Adrien a du souci à se faire.

Une verve et un sens du dialogue qui n'est pas s'en rappeler Boris VIAN et un sens du non-sens qui plairait à QUENEAU...

LES ANIMAUX SONTS CUITS !
de Max LAMOUR

ISBN 2 - 35049 - 008 - 4

Petit précis de cuisine bestiale

Vous êtes né entre 1896 et 2145, vous aimez l'aventure, le sexe, le poisson pané, le rire, la violence, l'ordre, le rationnel, le fantastique, la choucroute de Yorkshire, l'alcool, la drogue, les mouettes laquées, le délire, l'absurdité, les sandwiches de skaï, la vitesse, le danger, la mayonnaise d'asticots, la république, le roi de France, les écureuils ?
Si vous avez au moins une bonne réponse parmi les affirmations ci-dessus, alors ce livre est pour vous !

Tu apprendras à cuisiner comme une bête !*
**Je peux vous tutoyer maintenant.*

LA TOUR EIFFEL ET LE COCOTIER
de Maxime VIVAS

ISBN 2 - 35049 - 011 - 4

Quand on découvre que Paris est une terre d'asile... de fous !

Paris la merveilleuse,
Notre héros (Candide, le Huron, l'Indien dans la ville, le Persan…) débarque d'une île paradisiaque… pour découvrir la tour Eiffel.
Il va se frotter aux modes d'emploi qui font le bonheur de la vie urbaine et civilisée... Maxime VIVAS observe ici deux phénomènes universels qu'il décrit en 34 tableaux : les mœurs des grandes villes d'aujourd'hui sont parfaitement normales (pour les citadins), les notices, instructions, schémas de montage sont assurément limpides (pour ceux qui les écrivent).
Quant aux autres, ils sont en droit de s'interroger : et si ce n'était pas ça, le bonheur ?

Et si d'autres mondes étaient possibles ?

UNE FEMME AVERTIE... N'EN VAUT PAS TOUJOURS DEUX
de Michèle CLARY

ISBN : 2 - 35049 - 006 - 8

Une drôlissime série de portraits de la femme contemporaine en proie aux affres de la vie du 21e siècle. De la jeune squatteuse frivole et sans préjugés à la mère de famille dépassée par sa ménagerie familiale, en passant par les séductrices de tout poil qui vivent de ruptures en stratégies de conquête, Michèle CLARY brosse sans concessions, avec une plume simple et aérée, des personnages tour à tour décontractés ou tourmentés.
Drôles et réfléchissantes, ces femmes averties qui n'en valent pas toujours deux, titillent avec acuité nos faiblesses face au cœur humain qui ne trouve décidément jamais de bonnes raisons pour être raisonnable !

Traces de Vies
de Pierre MARMIESSE

ISBN : 2 - 35049 - 001 -7

Un homme peine à réussir son suicide, un clochard lance des colliers de perles dans les jambes des passantes, un prêtre a pour égérie Arlette Laguiller, un jogging meurtrier, un homme en quête du silence, le candidat d'un jeu télévisé surréaliste, un homme envoie des messages posthumes à ses clients, la lutte intime d'un homme et d'une contractuelle...

Jeu du destin, du hasard, ironie du sort, ces «Traces de vies» individuelles se croisent et s'invitent dans la fiction du voisin dans une ronde où règne l'humour noir...

ON A VOLÉ NAPOLÉON
de Richard JONES

ISBN : 2 - 35049 - 002 - 5

Picaresque, truculent, épique... Voilà un roman qui dépoussière un des vieux mystères de notre histoire : et si Napoléon n'était pas mort à Sainte-Hélène ?
Le réalisateur Antoine de Caunes pense que non, l'historien Jean Tulard pense que oui... dilemme ! Et si l'histoire était plus compliquée que cela ? C'est ce que semble penser l'auteur, qui ne craint pas d'avancer dans ce premier livre une théorie incroyable, folle en diable, une idée qui risque de déranger les idées mal reçues... Un roman qui, à n'en pas douter, risque de faire du tort à Alexandre Dumas !

Le roman historico-déconnant où l'on dit tout haut ce que personne ne pense tout bas !

FAIS GAFFE À TA GAULE
de Gordon ZOLA

ISBN : 2 - 35049 - 013 - 0

L'histoire est écrite par les vainqueurs ! Jules César, le grand conquérant de la Gaule ne s'est pas gêné pour faire sienne cette formule ! Qu'en est-il de la vérité ? Gordon Zola, un des plus éminents spécialistes de la question gauloise, revient sur les idées reçues et autres poncifs scolaires qui ont la vie dure. Il propose sa propre interprétation des faits militaires et nous dresse un portrait sans concessions de ces héros mal connus. Véritable gageure histo-risque, cet incroyable roman de vulgarisation nous offre une nouvelle vision de la guerre des Gaules. Un espion romain, une reine parthe, un druide chaudronné et un Vercingérorix surprenant vont nous réapprendre un bout de notre histoire ! Quelques dentiers risquent de grincer...

La théorie probablement vraie, (enfin !), de la guerre qui opposa Vercingétorix à César !

Les parutions à venir...

chez le même éditeur
(car nous ne faisons pas la pub des autres...)

*
* *

Le scarabée dans la fouille de *P.L. VALANCE*

Disparition, arrestation et enquête pour le détective Jacques Fransacque sur fond d'Egypte poussiéreuse et dangereuse...

*
* *

Le syndrome Kafka de Alain GALINDO

Comment faire avec le corps d'un homme qui n'est pas mort dans les conditions requises par l'administration ?
C'est ce premier problème qui va donner à la cité, l'envie d'exploser !

*
* *

X roman impromptu

Un livre choral écrit par Jules Renard, Tristan Bernard, Georges Courtelines, Georges Auriol et Pierre Veber...
Une folie littéraire écrite par certains des plus grands maîtres de l'esprit français !
Une véritable exhumation de notre patrimoine humoristique !

*
* *

Le clan du Léopard Masqué

Si vous désirez obtenir des renseignements sur les agissements du Léopard Masqué, n'hésitez pas à lui écrire sur son blog... profitez-en pour lui faire part de vos critiques et remarques.

Les Editions du Léopard Masqué
90, rue Daguerre
75014 Paris
01 43 25 81 68
leopard.masque@wanadoo.fr

www.leopardmasque.com

Achevé d'imprimer en avril 2006
sur les presses de la Nouvelle Imprimerie Laballery
58500 Clamecy
Dépôt légal : avril 2006
Numéro d'impression : 604127

Imprimé en France